叢書ベリタス

ロバーツ・コートの特許のかたち

アメリカ最高裁の重要判例

藤野仁三 著

八朔社

凡　例

一、アメリカ合衆国連邦最高裁判所の判決は、権利上訴（appeal）と裁量上訴（certiorari）の二つの上告に対して行われるが、本書で取り上げた判決文はすべてが裁量上訴に対するものであり、読みやすさを優先して、すべて「上告」と表記した。

二、アメリカ合衆国連邦最高裁判所の裁判官はJustice であるが、本文では、「裁判官」という表記に統一した。Chief Justice のみ「首席裁判官」とした。なお、下級審の judge については「判事」と表記した。

三、アメリカでの特許事件の控訴審は、Court of Appeals for the Federal Circuit が行う。同裁判所は「連邦巡回区控訴裁判所」の訳語が定着しているが、読みやすさを優先して本書では「特許高裁」と表記した。なお、特許高裁の前身である Court of Customs and Patent Appeals については「旧特許高裁（ＣＣＰＡ）」と表記した。

四、本文中の裁判官の顔写真は、アメリカ合衆国最高裁判所から提供された公式画像である。

刊行によせて――お祝いと感謝

『ロバーツ・コートの特許のかたち』の刊行にお祝いを申し上げる。またこのように親しみやすく、かつ読みごたえのある形で、アメリカ特許法のエッセンスを提示いただき感謝申し上げる。

本書の特徴は、アメリカ連邦最高裁の近時の重要特許判例が、現代の技術革新の時代にあって、どのような動きを持って形成されるかを示しているところにある。たとえば、特許適格を扱う第二章では、コンピュータが一連の手順で作業を進めるための数式であるアルゴリズムを利用したソフトウエアの特許適格や、バイオテクノロジーによって生み出された微生物に特許適格を認める判例や、ビジネス方法の特許適格を限定する判例の形成などについて、連邦地裁、特許高裁、そして連邦最高裁が連動し、ときには屈折した判断を形成していることを的確に描出している。

また、本書はアメリカ法の難しさと同時に面白さである連邦法と州法の関係を理解する好材料を提供してくれている。たとえば、第九章は特許満了後の特許ロイヤルティ支払いを定める契約について、州法である契約法の規律と、連邦法である反トラスト法の規律が交錯する問題を扱う。特許ライセンサーとライセンシーが契約によって、特許満了後のロイヤルティ支払いに合意していても、反トラスト法は特許権者の優越的地位を理由として、そのような契約条項を「当然違法の原則」によって無効とする。しかし、反トラスト法上の「当然違法の原則」は、それが適用される事由が制限される方向にあり、違法性の判断を個々の事件毎の競争阻害事由として考慮する「合理の原則」に変化している。ところが、連邦最高裁は、二〇一五年の判決において、特許法と契約法という二つの法領域が重なる分野においては、明確な立法上の措置がない限り、慎重に先例拘束原理を遵守しなければならないと判示して、一九六〇年代の先例判決が示した「当然違法の原則」を維持した。

これら二つの章の例が示すように、本書は重要特許判例が、近時の技術革新に対応すると同時に、アメリカ法の原理原則がどのように機能しているかを解説してくれている。個々の判決が、法規範をたて糸として、その時代の社会変化の事象をよこ糸として、どのような判例法の織り模様を生み出しているかを、本書は鮮やかに示してくれている。

これら二つの章の議論は、いずれも私が世話人をしているアメリカ法判例研究会／早稲田大学比較法研究所アメリカ最高裁研究会において、藤野氏にご教示いただいたことの一端である。同研究会を代表して、これまでの学恩に対するお礼と、本書の出版にお祝いを申し上げる。

二〇二〇年　歳晩

宮川　成雄

まえがき

本書はアメリカ連邦最高裁判所の特許判例を紹介するものである。とりわけ、ジョン・ロバーツが合衆国最高裁判所の首席裁判官に着任した二〇〇五年の開廷期から二〇一九年の開廷期までの特許事件三四件を取り上げ、法廷意見の一部を引用しつつ、判示を紹介するものである。

そのために、本書では取り上げる判例を特許法関連のテーマを一〇に分け、各テーマに関連する従来の重要判例とロバーツ・コートの新判例を取り上げ、テーマ別に判例の流れが確認できるようにした。なお、本書で紹介する判示は、テーマに関連する部分の引用であり、判例の争点すべてを網羅していない。したがって、厳密には判例集とは言えないが、ロバーツ・コートの特許判例は多く、しかも特許高裁が確立してきた判例を見直すものが多いので、特許実務に携わる読者には参考になるのではないかと思う。

ここで、本書を上梓するきっかけについて簡単に触れておきたい。筆者は、長年、特許関連の実務と研究に携わってきたが、一九九六年に英米法の権威として知られる藤倉皓一郎先生（当時、早稲田大学教授）の主宰する「アメリカ法判例研究会」に参加する機会をえた。同研究会は主に公法研究者の発表の場で、合衆国憲法をめぐるさまざまな重要判例が報告されていた。研究会の参加メンバーの義務として、筆者は特許関連の判例を報告した。報告事例が何であったか記憶は定かでないが、その中で均等論が議論されていたことを覚えている。

判例検討が済んだ後、藤倉先生から「均等」の訳語を例にして、特許法関連の用語が判りにくかったとの感想をいただいた。均等論は特許実務で定着した用語であり、報告では用語の説明にまで気がまわらなかったことを大いに反省した。以来、米国の判例を紹介するに際し、専門用語を含め、判りやすい説明にすることを心がけており、本書でもそのようにしたつもりである。なお、アメリカ法判例研究会は、宮川成雄先生（早稲田大学教授）が藤倉先生の後を引き継がれ、現在も活動が継続している。昨（二〇二〇）年一二月、二二五回目の研究会がオンラインで開催された。

このような個人的な体験が原点となり、本書でロバーツ・コートが取り上げた特許判例をテーマ別に分類して紹介した。アメリカは、日本とは異なる法体系および司法制度をもつので、用語についてはできるだけ日本のメディア報道等で使用されている用語を使用した。また、特許法の専門用語にしても、可能な限り説明を加えるようにした。ただし、技術内容や関連用語については、直訳の域を出ないものがある。筆者の限界としてご海容をお願いする次第である。

本書執筆中の二〇二〇年九月、ルース・ベイダー・ギンズバーグ裁判官が亡くなられ、後任としてエイミー・バレット裁判官が着任した。そのようなロバーツ・コートの節目となる年に本書を執筆し上梓できることは、筆者としてこの上ない喜びである。

最後に、アメリカ法判例研究会でご指導をいただいている宮川成雄先生には、今回「刊行によせて」の寄稿をお願いし、ご快諾をいただいた。また、今回も、八朔社の片倉和夫氏に本書の出版を引き受けていただいた。この場を借りて厚くお礼を申し上げる。

令和三年　初春

著　者

目次

目　次

装幀・高須賀優

第一章　特許が認められる条件（非自明性）

米国の特許の歴史は意外に古く、英国の植民地時代に遡る。記録によれば、最初の特許は塩の製法に対するもので、一六四一年にマサチューセッツで発行された。また、コネチカットやサウス・キャロライナなどの植民地も特許に強い関心をもっていた。

英国からの独立後間もない一七九〇年、連邦特許法が制定された。世界で初めて審査制度を取り入れ、審査はトーマス・ジェファーソン国務長官を含む主要閣僚三名で構成された審査委員会が行った。[1] この審査委員会が認めた連邦特許第一号は「新しい装置と方法による炭酸カリウムとパール・アッシュの製造」で、特許の原本はシカゴ博物館に保存されているという。

しかし、連邦政府の閣僚が政務の傍ら特許審査を行うのは負担が大きかった。三年後の一七九三年に特許法が改正され、発明の審査を行わずに「新規」かつ「有用」であれば登録を認める制度に変更した。その結果、問題のある特許が登録されるようになり、一八四三年に特許法が改正され、特許審査が復活した。審査の専門機関として特許庁が新設され、審査官が特許審査を担当した。この時に現代の制度の原型が導入されたのである。[2]

単なる差し替えは特許にならない

時代が進むにつれ、新規・有用だけで発明の特許性を判断することに限界があることが明らかになり、追加的な要件の必要性が議論されるようになる。代表的な判例が「ホチキス事件」（一八五〇年）である。

この事件では、家屋用のドアノブの材質を陶製あるいは磁器製に代えた特許の有効性が争われた。連邦最高裁は、単なる材質の代替に特許を認めず、特許が認められる発明には当業者の技術水準以上の創造性が求められるとし、新規・有用以外の追加的な要件の必要性が指摘された。連邦最高裁はその理由を次のように説明した。(3)

本件の金属製シャンク・スピンドル、鳩尾形のほぞは新しいものではなく、ほぞに金属製シャンクをはめ込む手段も新しいものではない。……唯一新しいのは、これまでとは違った素材を使用したことである。……しかし、従来の素材を陶磁器に代えるやり方は当業者の技能と知識を超えるものではない。すべての発明の要素は、高いレベルの技能と知識が必要であるのに、本発明はそれが欠けている。本発明は優れた機械工の改良物ではあるが、（真の）発明者の業績とはいえない。

一見すると明快かつ客観的に見えるが、ここで述べられた追加的な要件が、後年、場当たり的であり発明を否定するネガティブ・ルールを生んだ、と批判されることになる。特許の対象が発明そのものではなく、発明者の能力に向けられているという理由からである。(4)

●何か新しいものが必要である

ボストンの歯科医カミングスは一八五二年、可塑性物質をベースにした入れ歯を改良し、特許を出願した。特許庁から三回の拒絶を受けたが、その都度補正を行い、最終的に入れ歯床のベース材料を差し替えることで特許が認められた。この特許の有効性をめぐって争われたのが「グッドイヤー・デンタル事件」（一八七六年）である。

この特許は、咀嚼のための十分な堅さをもち、かつ口の動きによってずれが少なくなるように構成された人工入れ歯であり、従来の金属製入れ歯に苦しめられていた患者から絶大な支持を得た。可塑性材料として硬質ゴム（vulcanite）が使用された。連邦最高裁は、次のように述べて、特許の有効性を認めた[5]。

本件は、ホチキス判決とは異なる。……この発明は、これまで使用されてきた材料の金、銀、錫、プラチナ、gutta-perchaなどと同じ機能をもつ硬質ゴム以上の効果が見られるのは明らかである。新製品は従前のものとは異なる結果をもたらし、単に便利で使いやすいというレベルを超える。種類も違えば用途や性質も異なる。口腔の上部や舌の動きに完全にフィットし、着用しやすくフィット感も好ましい。軽くて弾性があり、それでいて咀嚼のための強度と固定感がある。

カミングス特許は異例の手続きの末に生まれたものである。拒絶を三回受け、再出願して特許が認められたが、その内容は出願前にすでに実施されていた。また、カミングスが資金不足のため八年間も審査手続きを停止していた。そのため、特許後の裁判では、非自明性以外の問題として、資金提供者との間での特許の持ち分の争いが大きな争点となった。

非自明性の論点に関する限り、二次的考慮事項である「長年の需要」(long-felt need)(後出、グラハム事件の判決参照)の先駆けとなるような判決であり、興味深い。

●天才的なひらめきが必要である

時代が下るにつれ、非自明性を拡張的に解釈する事例は徐々に減少する。むしろ、特許を否定した事例が増えてくる。これらが「ネガティブ・ルール」と呼ばれるもので、材料の差し替え、位置や寸法の変更などの外形的な改変という理由でもって特許が否定されるようになった。その代表的な事例が、「キュノー・エンジニアリング事件」(一九四一年)である。

この事件では、車載用シガーライターに関する特許が争われた。従来型の手動によるオン・オフ切替えを、サーモスタットによる自動切替えにしたシガーライター発明であり、空前のヒット商品となった。しかし、シガーライター特許の有効性の議論は紛糾した。第二巡回区控訴裁(ニューヨーク州、コネチカット州、バーモント州を管轄)は特許を有効と判決し、第七巡回区控訴裁(イリノイ州、ウィスコンシン州、インディアナ州を管轄)は無効と判決した。控訴裁の判断が割れたため、連邦最高裁判所に最終的な判断が委ねられた。最高裁は特許無効を判決し、その理由を以下のように述べた。(6)

本件のように機能に違いのない旧知要素の単なる組み合わせに特許を認めると、公知のものを独占することを認めることになる。これは、熟練工が自由に使える資源が消失することを意味する。本件の特許は知識ストック全体には何ら貢献しておらず、公知技術の一部を特許にして独占しようとするものに過ぎない。……つまり、新しい発明技術は有用であり、単なる職人技を超えた、天才の創造的なひらめきを含むものでなければならない。そうでないものに公共領域で私権を認めることはできない。

同一特許をめぐる別件の侵害訴訟でも、連邦最高裁は、本件判決を理由に特許無効を判決した(7)。この判決に見られる「公知技術の一部を特許にして独占しようとするもの」との指摘は、自明である特許を無効とする際の連邦最高裁の常套句として、その後の判決に頻出する。

●相乗的な効果がなければならない

キュノー・エンジニアリング事件の一〇年後、「スーパーマーケット事件」（一九五〇年）で、改良型のレジカウンター特許の有効性が争われた。下級審は特許の有効性を認めたが、連邦最高裁は、公知の要素を単に寄せ集めただけでは発明として不十分であり、総和以上の相乗効果がなければならないとして、特許を無効と判決した。その理由を最高裁は以下のように説明している(8)。

裁判所は、旧知の要素の組み合わせを発明としてみとめるかどうかについては、慎重に精査すべきである。特許の機能は、有用な知恵の総和に新たな知恵を追加することにある。特許は、熟練工が自由に利用できる資源に対して認められることはない。機能にかわりのない単なる旧知要素の組み合わせ特許——本件がまさしくそうである——は、既知のものを独占の領域に引き入れ、熟練工が入手できる資源を減失させる。本件特許は知識ストック全体には何ら貢献しておらず、公知技術の一部を特許にして独占しようとするものに過ぎない。

ホチキス判決以降、判例で示された追加的な特許基準とは、材料の代替や手動方法の自動化などには特許を認めないとする「ネガティブ・ルール」であり、その集積によってアンチパテント的な傾向が強められた。そのような傾向に、実務家だけではなく産業界からも大きな懸念が出され、その懸念が特許法改正につながる。

●特許法の非自明性要件

特許法は一九五二年に改正され、それまで判例により確立されていた非自明性要件を一〇三条に含めた。同条は以下のように規定した。

クレームされた発明についての特許は、その発明が第一〇二条に規定されているのと同じ方法で開示されていない場合であっても、先行技術との間の差異が全体として、その発明の有効出願日前に、発明技術についての通常の技倆を有する者にとって自明であると思われる場合には取得することができない。特許性は、その発明がされたときの態様によって否定されることはない。(特許法一〇三

条）

この規定は、当業者にとって発明と公知例の差異が明らかであるときにはその発明に特許を認めないことを明らかにするもので、「非自明性の要件」と呼ばれている。末尾の「特許性は、その発明がされたときの態様によって否定さることはない」の一文は、ホチキス判決以降に蓄積された「ネガティブ・ルール」の適用を牽制するねらいで挿入されたものであった。つまり、「天才」による発明しか認められないという考え方を牽制するねらいであったが、法改正後も相変わらず非自明性をめぐる混乱は続いた。

その最大の理由は、一〇三条の条文の解釈にあたり、ホチキス判決への回帰を促す拡張的な解釈とキュノー・エンジニアリング判決への回帰を促す限定的な解釈が併存していたためである。このような条文解釈上の混乱は一九六〇年代まで続く。

●グラハムの三段階テスト

このような混乱を解消するために出されたのが、「グラハム事件」連邦最高裁判決（一九六六年）である。この事件では、衝撃吸収構造をもつ農耕用鋤に関する特許二件の有効性が争われた。先願の発明ではシャンク（鋤の柄）が上下のプレート間に取り付けられていた。しかし、衝撃によるシャンクの破損が多いため、後願の発明ではシャンクのプレートへの取り付け位置を変更し、衝撃を直接受けないようにした。その結果、破損が減少するなど顕著な改良効果が認められ、後願の発明にも特許が認められた。

特許権者（グラハム）が各地で侵害裁判を起こしたが、被告はグラハム特許の無効を主張して対抗した。控訴審の判断も分かれ、第五巡回区控訴裁（テキサス州、ルイジアナ州、ミシシッピー州を管轄）は、「同一の結果をより安くまたは有利な態様で実現した」として特許の有効性を認めた。しかし、第八巡回区控訴裁（ミズーリ州、アイオワ州、ミネソタ州など六州を管轄）は「グラハム特許の組み合わせは新規でもないし異なる結果を生まない」として無効判決を下した。

連邦最高裁判所は、別の二件の特許侵害訴訟とこの事件を併合し、(9) 特許法一〇三条の規定はホチキス判決以降の判例を成文化したものであって、特許性要件のレベルを変更することを意図したものではないとして、後願のグラハム特許を無効と判決した。最高裁はその理由を以下のように述べた。(10)

本件特許の構成に自明でない要素はない。下級審（第八巡回区控訴裁）が指摘したように、審査時には引用されなかった公知例「グレンコー出願」に本件発明の全要素が開示されている。ヒンジ板の位置がシャンクの上下と異なっていても、その機械的作用は同じである。……言い換えるならば、グレンコーの stirrup は、本件特許のヒンジ板の後部と全く同一の機能をもつ。摩耗点をグレンコーの stirrup から本件特許のヒンジ板後部に移すだけでは、何ら機械的な違いはなく、非自明な相違点も生じない。

この判決で最高裁は、①先行技術と発明内容の決定、②先行技術と発明クレームの差異の決定、③当業者の技術レベルの決定――という非自明性を判断するための三つの工程を明らかにした。これらは

「グラハムの三段階テスト」と呼ばれるものである。この判決で、商業的成功や長年未解決だった問題の解決などの「二次的考慮事項」も副次的に考慮できるとされた。

組み合わせに相乗効果はない

グラハム判決の三段階テストを連邦最高裁が実際に適用したのが「サクライダ事件」（一九七六年）である。問題となったのは、牧舎の床上の家畜の排泄物を水洗するシステム特許の有効性。この特許は、グラハム判決が出される前年に発行された。

特許侵害訴訟で地裁は、特許された散水システムの利用者が多く、商業的な成功があったことは認めたものの、発明自体は自明であるとして当該特許の無効を判決した。しかし、第五巡回区控訴裁は地裁判決を破棄・差し戻した。地裁は、差戻審の結果、改めて特許無効の判決を下した。控訴裁は、再度、地裁の差戻し判決を破棄し、特許有効の判決を出すよう差し戻した。

二度目の差戻しを受けた地裁は、新しい証拠に基づき、トライアル（事実審）をやり直し、特許の無効を判決した。しかし、控訴裁は地裁判決に誤りがあり、特許は有効であるとして三度目の差戻しを命じた。連邦最高裁にはこの時点で上告がなされた。最高裁は控訴裁の判決を破棄した。その理由を最高裁は以下のように述べた。(11)

下級審（第五巡回区控訴裁）は、（本特許に基づく）大量の放水システムが複雑なものではないが、新しい組み合わせによって相乗効果が生まれていると判断した。当法廷はその判断には同意できない。……本特許は、既に知られていた機能と同じ機能をもつ要素を、より効果が上がるように配置したものにすぎない。古い要素を組み合わせた本発明は、パイプやホースを経由せずに、水を直接床面に流すものであるが、それは当法廷の先例にいうところの、「個々の要素の組み合わせは特許にならない」（スーパーマーケット判決）に該当するものであり、「熟練した機械工の仕事であって発明者の仕事ではない。」（ホチキス判決）

●TSMテストは唯一絶対の基準ではない

公知な要素を組み合わせた発明の非自明性を判断する基準の一つに「TSMテスト」がある。これは、公知要素の組み合わせが自明であるとして拒絶するためには、その組み合わせが先行例で教示（Teaching）され、示唆（Suggestion）され、または動機（Motivation）づけられていなければならないとする考え方である。旧特許高裁（CCPA）の「バージェル事件」判決（一九六一年）にその萌芽が見られる。[12]

TSMテストは、公知例に具体的な記載があるかどうかを確認すれば足り、審査実務には適用しやすい。そのため、特許高裁は多くの事案で非自明性判断の基準として適用してきた。それが唯一の非自明性判断の基準であるとして厳格に適用されてきた。しかし、連邦最高裁は、「KSR事件」（二〇〇七年）でそれに異議を唱えたのである。[13]

KSR事件で争われたのは、取り付け位置の調整可能な自動車用ペダルに関する特許の有効性。地裁は公知例に照らして発明が自明であるとして特許の無効を判決した。しかし、特許高裁は、地裁のTS

Mテストの適用が不十分であったとして、地裁の無効判決を破棄して、特許を有効と判決した。

ケネディー裁判官

連邦最高裁は特許高裁判決を破棄し、TSMテストを唯一の絶対的な基準として適用するのではなく、他の基準の適用も考慮すべきであると判決した。ケネディー裁判官（写真）は全員一致の法廷意見の中で判決理由を以下のように述べている。

有用な指針は、硬直的、強制的な公式であってはならない。TSMテストは硬直的に適用されたとき、当法廷の先例に調和しない。自明性の分析は、教示・示唆・動機づけという形式的な概念や、公刊物の重要性や発行特許の記述内容を強調することでその枠組みが定められるものではない。発明や技術が多様化したため、このような方法の分析に限定することはもはや支持を得られなくなっている。自明な技術の組み合わせが議論される技術分野は多くないかもしれない。また、科学文献ではなく市場の需要が製造や開発の方向性を決めるのかもしれない。革新性のない通常の技術改良に特許を認めると、技術進歩を遅らせることになる。そして、特許が既知の要素の組み合わせの場合、先行発明の価値や有用性を奪うことになる。

TSMテストとグラハム分析の底流にある思想に本質的な違いはない。しかし、一般原則を自明性に限定するという硬直的なルールに変質させたとき、それは、特許高裁が本件で犯したような誤りとなる。

ＫＳＲ事件の判決趣旨を一言で表現するならば、「グラハム判決に戻れ」ということになる。この判決により、特許庁は「当業者の技術レベルの決定」というグラハム判決の抽象的な難問に改めて取り組むことを余儀なくされた。

●「ポストイット」へのあてはめ

米国での特許性を判断する際、三つの要素が考慮される。その一つが「非自明性」である。その判断ポイントは、これまでに誰も思いつかなかった発明かどうか。しかし、その判断は簡単ではない。特許高裁はその判断の助けのために「ＴＳＭテスト」を導入したのである。この非自明性の問題を、３Ｍ（スリーエム）のヒット商品「ポストイット®」（以下、ポストイット）を例にして考え方を整理してみたい。

「ポストイット」の構成要素を単純化すると紙と糊である。その糊は、「くっついてもくっつかない」というおもしろい特徴をもつ。関連特許を調べてないので確証はないが、おそらくそのような特徴をもつ糊については特許が認められるのではないか。特許が認められるためには、商品アイデアが生まれた一九七四年頃に「当業者」が特殊な糊を塗布した付箋やメモ用紙を文具に応用することを思いつかなかったことが条件となる。

当然ながら紙の歴史は古い。紀元前に発明されている。糊にもさまざまな種類がある。場合によっては、剥がれやすい糊もあったかも知れない。ただ、３Ｍの発明した糊は、接着性が高くしかも剥がれやすいという、一見すると矛盾する性質をもつ糊である。そのような性質を合わせもつ接着剤については誰も考えが及ばなかったかも知れない。仮に、糊を紙に塗布するというアイデアがあったとしても、グラハム基準の下でポストイット発明に特許が認められると推測することができる。それはなぜか。

３Ｍのホームページにかつて掲載されていた「ポストイット開発物語」によると、高い接着性があって剥がれやすい接着剤を一九六八年に試作し、一〇年余の曲折を経て一九八〇年にメモ・ノートという新商品を発売したという。途中、開発中止寸前にまで追い込まれたこともあったそうだが、忍耐強い販促努力によりユーザが増え、それが市場での成功につながったのだそうだ。

グラハム判決（一九六六年）の下では、非自明性の有無は、公知例の技術レベルを特定し、公知例の範囲・内容を特定し、公知例と発明とを比較して決定する。その他に、販売の拡大や売上げの上昇などの二次的考慮事項を参考にしてもよいとされている。仮に、ポストイット発明は公知例とあまり差がないという判断がなされても、市場の成功により非自明性の要件が満たされるかも知れない。

それではこれにＴＳＭテストを適用したらどうなるであろうか。ＴＳＭテストは、一九八〇年中後半に判例として確立したので、これをポストイット発明に適用することは現実にはできないが、仮にそれを適用するならば、判断のポイントは、紙と糊の組み合わせを「教示し、示唆し、動機付ける」記載が公知例にあったかどうかである。しかも紙と糊を個別に判断するのではなく、商品全体として判断することが必要となる。紙と糊の組み合わせについての記載が公知例になければ、恐らく、審査官も裁判官もＴＳＭテストにしたがってポストイット発明を自明ではないと認めたのではないだろうか。

ポストイットの場合、グラハムテストでもＴＳＭテストでも結果に変わりはなさそうだ。それだけ非自明な発明であると言えるのかもしれない。しかし、結論に至るアプローチには大きな違いがある。前者の場合、当業者が「紙と糊の組み合わせ」を常識的であると判断したとしても、「市場での成功」という二次的考慮事項によって非自明性の条件がクリヤーされる可能性がある。

それではＴＳＭテストの場合はどうか。公知例の中にその組み合わせに言及するものがない限り、非自明性であるとされる。ポストイット発明では、おそらく糊の成分や特性が非自明とされることが推測されるから、紙と糊の組み合わせはだれでも思いつくという主張（グラハムテストの下で提起される可能性がある）は、公知例にその主張を支持する然るべき記載がない限り、説得力をもたない。

このように、ポストイット発明への適用を想定してみると、ＴＳＭテストによる場合の非自明性の判断基準はグラハムテストに比べると相対的に低いことがわかる。

（1）ジェファーソンは、当初、反独占の立場から特許制度の導入には慎重であった。審査制度を導入し、自らが審査に加わったのは、彼の特許制度への懸念の結果であると考えられる。
（2）この項の記載は、以下を参照した。Chisum/Nard/Schwartz/Newman/Kieff "Principles of Patent Law - Cases and Materials, 3rd Ed." Foundation Press (2004), pp. 16–23.
（3）Hotchkiss v. Greenwood, 52 U.S. 248 (1850)
（4）参照、アーサー・ミラー／マイケル・デービス著（藤野仁三訳）『アメリカ知的財産権法』（八朔社、二〇〇八年）四八—四九頁。
（5）Smith v. Goodyear Dental Vulcanite Co., 93 U.S. 486 (1876)
（6）Cuno Engineering Corp. v. Automatic Devices Corp., 314 U.S. 84 (1941)

（7）Automatic Devices Corp. v. Sinko Tool & Mfg. Co., 314 U.S. 94 (1941)

（8）A. & P. Tea Co. v. Supermarket Corp., 340 U.S. 147 (1950)

（9）Calmer Inc. v. Cook Chemical Co. (1966) 及び Colgate-Palmolive Co. v. Cook Chemical Co. (1966) の二件。通常、グラハム事件が代表として引用される。

（10）Graham v. John Deere Co., 383 U.S. 1 (1966)

（11）Sakraida v. Ag Pro, Inc., 425 U.S. 273 (1976)

（12）Application of Bergel, 292 F.2d 955, 956–957 (C.C.P.A., 1961).（「当法廷（関税特許控訴裁判所）は、Evertt や Harper などの公知例が、クレームされた化合物を生成するための組み合わせを示唆している（suggestion）とは認定しない。提示された組み合わせが望ましい旨の記載が公知例にない限り、新しい化合物の生成のため、二つの別個の開示を組み合わせは可能だというだけで、そのような生成を自明とすることはできない。」）

（13）KSR International v. Teleflex, Inc., 550 U.S. 398 (2007). ＫＳＲ事件のヒアリングにおいて、裁判官から、ＴＳＭテストについての否定的なコメントや懐疑的な質問が続出した。そのため、ＴＳＭテストの「死刑」判決が出されるのではないかとの観測が判決前に出回った。しかし、結果として最高裁は、ＴＳＭテストの全面否定には踏み込まなかった。実務上の影響への配慮からの妥協だったのではないかと推測されている。

第二章　ハイテク発明の特許保護（特許適格）

発明が方法、機械、製造物または組成物のいずれかであれば、特許は認められる。ただし、抽象的概念や自然法則・自然現象などには特許は認められない[1]。

従来、コンピュータ用プログラムは、抽象的な概念とされていた。しかし、一九六〇年代後半から計算機用のプログラムが重視されると、ハードウエア・メーカーはプログラムの開発に注力するようになり、投下資本とその成果物に対する保護を求めるようになる。ＩＢＭなどのコンピュータ関連企業は、プログラムのアイデア部分（アルゴリズムなど）を知的財産権として保護するよう求め、議会に対するロビー活動を強化した。

バイオテクノロジーに関しては、一部の植物を除き生物自体を積極的に特許対象と認めてこなかった。しかし、連邦最高裁のチャクラバーティ判決（一九八〇年）で微生物の特許が認められたことを契機に、あらゆる生物に特許が認められる余地が生まれた。米国ではその後バイオ関連の特許が続出し、米国のバイオ産業の全盛期を迎えるようになる。

このような背景を踏まえて、本章では、コンピュータやバイオテクノロジーなど、当時アメリカで先端技術の特許が認められるようになる経過を、連邦最高裁判所の判例を中心にして検討する。

●コンピュータ・プログラムとソフトウエア

前述のように、黎明期の米コンピュータ業界は、連邦議会に対するロビー活動を強力に推進し、コンピュータ・プログラムに法的な保護を求めた。そのため、大統領諮問委員会が一九六〇年代半ばにコンピュータ・プログラム保護の可能性についての検討を開始し、一九六六年に特許の対象とすべきでないとする検討結果を発表した。関連出願を審査するためのリソースが整っていないというのがその理由であった。特に、特許庁の審査官用の先行文献ファイルの不備が障害となった。

アルゴリズム（一定の手順でコンピュータが作業を進めるための数式）をデジタル・コンピュータに利用した発明が、特許を受けることができる発明であるかどうかが争われたのが「ベンソン事件」、「フルック事件」、「ディエール事件」である。

特許庁は、これら三件すべての発明が抽象的なアイデアであるとして特許を認めなかった。しかし、旧特許高裁（ＣＣＰＡ）は特許庁の判断を退け、アルゴリズムの利用方法の発明であっても特許が認められるとして、全ての発明に特許を認める判決を下した。いずれの事件も連邦最高裁判所に上告された。ベンソン判決（一九七二年）とフルック判決（一九七八年）で連邦最高裁は、アルゴリズムを使用した方法クレームの特許性を否定した。しかし、ディエール判決（一九八一年）ではアルゴリズム関連発明に特許を認めた。これら三件での最高裁の判決内容を簡単にみておこう。

ベンソン判決で争われたのは、コンピュータ用の二進化十進数のデータを二進数に変換する方法特許で、連邦最高裁は同方法に実用的な応用性がないとし、特許を認めた旧特許高裁（ＣＣＰＡ）の判決を破棄した。連邦最高裁は、そのような発明に特許を認めることはアイデア自体に特許を認めることと同じであるとした上で「物品を異なる状態や物体に変化させることが、機械を含まない方法・発明に特許が認められるかどうかのポイントになる」と述べた。これが「機械または変質テスト」（ＭＯＴテスト）と呼ばれる基準の始まりである。ＭＯＴテストについては本章後段で詳述する。(2)

フルック判決で争われたのは、触媒反応を最適条件下で実行するための警告値の更新方法であった。この更新方法は、温度・時間などの運転条件の確認、アルゴリズムを使った適正値の算出、運転条件の数値の更新――の三つの工程から成るもの。最高裁は、アルゴリズムを含む方法が既知のものであるとして、旧特許高裁（ＣＣＰＡ）の特許認定の判決を覆した。しかし、「アルゴリズムを含むということだけで発明が特許の対象から排除されることはない」としてアルゴリズムへの特許付与の可能性について含みをもたせた。(3)

ディエール判決では、アルゴリズムを使った合成ゴムの硬化を適正に行うための温度管理と時間管理の方法に関する発明の特許性が争われた。連邦最高裁はこの事件で、ある方法によって科学的な「変質」が引き起こされているという理由で特許を認めた旧特許高裁（ＣＣＰＡ）の判決を支持した。(4)

連邦最高裁はその理由を以下のように述べた。

発明が数式を含む場合、……数式自体には特許は認められない。しかし、数式を含む発明全体が特許対象となる構造や方法に利用されているのであれば、特許法一〇一条の要件を満足している。本件は数式に特許の保護を得ようとするものではなく、合成ゴムの成形方法に特許を得ようとするものである。

連邦最高裁がアルゴリズムを使用した発明に特許を認めたため、特許庁はソフトウエア関連発明を特許で保護する方針を明らかにし、「コンピュータ・ソフトウェア特許出願審査指針」を発表した。このように特許を受けることのできる発明の範囲を拡張する司法・行政の動きに対し、連邦議会は慎重であった。専門家からソフトウエアの特許保護についての意見をとりまとめ、①ソフトウエア関連発明に特許保護を認めることには問題が多い、②「ソフトウエア権法」の立法化を検討すべきである――とする提言が一九九二年に行われた。[5] しかし、この提言が政策に反映されることはなかった。

それから二年後の一九九四年、特許高裁が「アラパット判決」で、数学的アルゴリズムが有用、具体的かつ現実の結果を生じる場合には、一体としてのソフトウエア関連発明は特許可能であると判決した。この判決が実質的にソフトウエア関連特許を解禁したのである。[6]

微生物に特許は認められる

判例上、生物には特許が認められないとされてきた。それを変更したのが、遺伝子操作で生み出された自然界に存在しない微生物に特許を認めた「チャクラバーティ判決」（一九八〇年）である。この事件で微生物の製法と微生物そのものが特許を受けることができるかどうかの問題が争われた。

出願人のチャクラバーティは、原油の分解能力をもつ微生物の製法を発明し、その製法と生み出された微生物そのものを特許出願した。特許庁は製法については特許を認めたものの、微生物そのものには特許を認めなかった。しかし旧特許高裁（ＣＣＰＡ）は、特許法一〇一条の解釈上、発明が生き物であるかどうかは重要ではないとして、特許庁の決定（＝微生物には特許を認めない）を取り消した。事件は連邦最高裁に上告された。

上告を受理した連邦最高裁は、本件の微生物が「製造物」か「組成物」のいずれかの類型に含まれるとし、自然法則、自然現象または抽象的アイデアでない限り「人間によって作られたもので太陽の下にあるものはすべて特許の対象となる」とし、「生き物であるかどうかは、特許を受けることができるかどうかの問題にとって無関係である」として微生物そのものにも特許を認めた(7)。

連邦最高裁はその理由を以下のように述べた。

自然法則、物理現象、抽象的アイデアには特許は認められないが、チャクラバーティの発明は、これまで未知であった自然現象についてのものではなく、天然には存在しない製造物または組成物である。つまり「際立った評判、特徴そして用途をもった」人間の才知が生み出した産物についてのものである。

連邦議会が（特許法）一〇一条を制定した時に遺伝子技術を予見できなかったので、微生物特許を認めるためには議会が（法律による）明文での保護を定めるまでは微生物の特許は認めるべきではないという意見もあるが、それは当たらない。一〇一条の規定は明確であり、チャクラバーティの発明は明らかにそれに含まれている。遺伝子研究によって生じる潜在的な危険性に基づき、同条の下で特許性を否定すべきだという意見もあるが、それは立法府に向けられるべき意見であって司法府に提起されるべきものではない。

この判決がバイオ特許時代の幕明けとなり、米国におけるバイオ産業の発展に大きく貢献した。

ビジネス方法にも特許は認められる

ソフトウエアの構造は複雑で、例えば、アマゾンのワン・クリック・オーダー・システムを実現するためのソフトウエアの場合、小型自動車一台分に相当する数の部品によって構成されているという。ソフトウエア特許がそのような多数の部品から構成される場合、一般論として第三者が同じソフトウエアを独自に開発しても、必然的に構造が異なってくる。そのため、ソフトウエア特許の侵害問題は起こりにくい(8)。

しかし、ビジネス方法特許の場合は状況が異なる。特許対象が方法自体であるため、ソフトウエアの構造に違いがあったとしても、作業手順がおなじであれば特許侵害となる可能性は高くなるからだ。言い方を変えれば、ビジネス方法特許の侵害リスクは、ソフトウエア特許の侵害リスクよりも相対的に高くなる。そのような特徴をもつビジネス方法特許が認められ注目されたのが特許高裁の「ステート・ストリート・バンク事件」特許高裁判決（一九九八年）である(9)。

この事件では、市場・株式情報に基づく日々の投資利益を最適に分配するための投資家向けの利益配分方法の特許の有効性が争われた。地裁は特許無効の判決を下した。特許高裁は、地裁が「ビジネス方法は特許の対象とはならない」というこれまでの判例に準拠したことが誤りであるとして地裁判決を破棄し、事件を地裁に差し戻した。この事件も最高裁に上告されたが、最高裁がそれを受理しなかったため特許高裁の判決が確定した。

この判決は実務界に大きな影響を与えた。これまで認められなかったビジネス方法が解禁されたとして大量のビジネス方法関連の特許出願が提出され、その結果、特許庁の審査が追いつかず、審査案件の滞貨が問題となった。そのためビジネス方法特許の審査体制が不十分で特許の「質」を低下させているとの批判が強くなった。また、特許が認められたビジネス方法発明は、これまで特許とは縁の薄かった金融・証券などの業界にも権利行使されるようになり、それが大きな社会的な批判を生んだ。[10]

●MOTテストは唯一の基準ではない

連邦最高裁は二〇一〇年、「ビルスキー事件」でビジネス方法が特許を受けることができるかどうかの判断基準を見直した。この事件で争われたのは、エネルギー市場で買い手と売り手が商品の価格変動リスクを回避するための方法に関する発明である。

特許庁は、この発明は抽象的なアイデアにすぎないとして特許出願を拒絶した。特許高裁の三人の裁判官による合議体（以下、「パネル」という）も特許庁の拒絶を支持し、特許高裁の裁判官全員による大法廷もパネル判決を支持した。その上で、ステート・ストリート・バンク事件で確立された「有用で具体的かつ有体の結果を生み出す」という判断基準を廃止し、方法特許が認められるための要件として、①それが特定の機械または装置に結合されていること、②ある特定の形状を異なる状態や物に変えること——を明示した。これは「機械または変質の基準」（Machine or Transformation Test　通称「MOTテスト」）と呼ばれるもので、裁判官全員による大法廷判決は、このMOTテストが一〇一条下での特許適格を決定する唯一の基準であるとした。

最高裁は、特許高裁の大法廷判決の結論（＝特許無効）は支持したものの、MOTテストが特許を受けることができるかどうかの唯一の判断基準ではないとして特許高裁の判決を批判した。ケネディー裁判官は法廷意見の中でその理由を以下のように述べている。[11]

MOTテストは特許法一〇一条の特許適格をはかる唯一の基準ではない。たとえそれが有用かつ重要であっても、それが唯一の基準とならないことは、すでに当法廷の先例で確立している。むしろ特許高裁は、制定法の解釈の際の二つの原則、つまり「裁判所は連邦議会が期待しなかった制限や条件を特許法の中に読み込むべきではない」（ディエール判決）と「他に定義が無い限り文言は一般的な、その時代の普通の意味をもつものと解釈される」（同上）に背反した。

当法廷は、一般的なその時代の普通の意味での方法が、機械または製品の変質に連結されていると は考えない。特許庁長官は、一〇一条の他の三つの発明の適格類型との比較で、方法が機械または変質に限定されていると解釈すべきだと主張するが、それは適切ではない。方法については、一〇〇条（b）で明示的に定義しているからだ。

●コンピュータを導入するだけでは発明にならない

ビジネス方法特許の見直しの流れを決定的にしたのがビルスキー判決から四年後に出された「アリス事件」での連邦最高裁判決である。この事件で争われたのは金融取引に伴う一人損リスクを回避する方法についての発明である。

トーマス裁判官

その発明は、①二者間で金融取引義務を交換するための方法、②義務交換方法を実行するためのコンピュータ・システム、③義務交換方法を実行するためのプログラムコードを含むコンピュータ解読可能な媒体――から構成され、特許が認められた。

この特許の侵害訴訟で被告は特許の無効を主張した。地裁は、①の方法は抽象的なアイデアである、②のシステムは抽象的な概念を用いたものである、③の媒体は抽象的である――という理由から特許を無効と判決した。

特許高裁のパネルは、明らかに抽象的アイデアであるとは言い切れないとして地裁判決を退けたが、特許高裁の全裁判官が参加する大法廷でパネルの結論を覆えし、特許の無効を判決した。

連邦最高裁は特許高裁の大法廷判決を支持した。トーマス裁判官（写真）は全員一致の多数意見の中でその理由を以下のように述べている(12)。

既知の方法に、高いレベルの一般性をもつ従来型の工程を従属させても発明性のある工程としては不十分であって、求められる変質性（transformation）を生み出していない。コンピュータをクレームに導入するだけではクレーム解釈を変えることにつながらない。抽象的なアイデアに「応用」という言葉を付加しても、抽象的なアイデアを特定の技術環境に制限しても、そのことで特許が認められることはない。汎用コンピュータの使用は、「抽象的アイデア」を独占するための作文努力以上の実用的な保証をあたえる「追加的な特徴」の類とは一般的には言えない。

免役医療工程は特許にならない

『知的所有権の貿易関連の側面に関する協定』（TRIPS協定）によれば、加盟国は人間または動物への診断、治療または手術方法を特許の対象から除外することができる。[13] この点、米国では医療方法に関する特許は必ずしも否定されていない。[14] 医療方法が特許を受けることができるかどうかについては、連邦最高裁がメタボライト判決、メイヨー判決、ミリアッド判決で判断基準を示している。これらの判例は「バイオ三部作」と呼ばれ、世界の注目を集めた。

最高裁判例を検討する前に、この問題を扱った特許高裁の判決例を見てみよう。

ジョン・クラッセン博士は、産後間もない幼児に免疫原を投与すると、後日免疫介在性疾患（IMD）が大幅に減少することを発見し、三件の特許を取得した。代表的な特許は、ワクチン注射される哺乳類を二つのグループに分け、両グループのワクチン注射の予定表を精査・比較して選別する工程、その予定表に基づいて免疫注射を行う工程——とから成る免疫注射方法に関するものであった。

クラッセン博士は、この特許を根拠にバイオジェンを特許侵害で提訴した。バイオジェンは、クラッセン特許の構成が単に「情報の読み取り」と「決定」という要素からなるもので、それはメンタルステップ（心理的な工程）に過ぎず、特許にならないものであると主張した。

地裁は、特許は「抽象的なアイデア」の域を出ないものであり、特許を受けることのできない発明であると判決した。事件は特許高裁に控訴され、特許高裁は、自らのビルスキー判決（二〇〇八年）（＝MOTテストは絶対的基準である）を考慮して、クラッセンの発明がMOTテストを満足していないとして地裁判決を支持した。事件は連邦最高裁判所に上告された。

最高裁は、二〇一〇年のビルスキー判決（＝MOTテストは絶対的基準ではない）を考慮して審理をやり直すよう、事件を特許高裁に差し戻した。(15)

特許高裁は改めて審理をやり直し、以下のように判示した。

判例に従い、特許適格性の判定は発明全体を見て行われる。また、同判例は、一〇一条の適格基準をゆるく適用してもよいとしている。他の条項で特許性要件が厳しく規定されているからだ。また、一〇一条で否定されそうな抽象的な技術発明も、それが商業化されたことで一〇一条の縛りを克服したと考えることができる。

クラッセン特許は、急性ＩＭＤのリスク低減方法の中で具体的な免疫工程を包含している。ビルスキー判決の趣旨からして、一〇一条の適格範囲を狭く解釈すべきではない。よって、両特許のクレームは一〇一条の適格基準を満たす。ただし、これらの特許クレームには特許性の問題があるので、関連規定に従って最終的な有効性が判断されなければならない。

●アミノ酸濃度とビタミンB欠乏症との相関関係

「メタボライト判決」（二〇〇六年）では、血中の特定アミノ酸の濃度とビタミンB欠乏症との相関関係を利用した診断方法に関する特許の有効性が争われた。裁判で争われたのは、必須アミノ酸代謝物であるホモシステインの濃度を上げる体液の量を計測し、その濃度レベルとビタミンB欠乏症との相関関係を通知する工程から成る特許であった。

特許権者のメタボライトは医療検査機関のラボコープを相手取り、特許侵害訴訟を起こした。ラボコーポがホモシステイン試験を行ってビタミンBとの相関を調べる診断方法を病院の医師に薦めていたため、そのような行為は特許侵害の幇助になるという理由からである。地裁は、特許の有効性・故意侵害を認定し、ラボコーポにホモシステイン試験の差止めを命じた。事件は特許高裁に控訴されたが、特許高裁は地裁の差止判決を支持し、医師の診断が特許の直接侵害にあたり、医師の直接侵害を幇助したラボコーポに間接侵害の責任があると認定した。

この判決は連邦最高裁に上告され、最高裁は一度はそれを受理した。しかし、後に受理したのは手続上の誤りであったとして実質的な審理を行わずに裁判を終了した。これにより、特許高裁による特許侵害と特許有効性の判決が確定した(16)。

●実質的なものが追加されていない

メタボライト判決に続き、医療方法に関する特許の有効性が争われたのが「メイヨー判決」（二〇一二年）である。上告人プロメテウスは、自己免疫疾患治療に用いられる免疫調整剤「チオプリン薬」の最適投与量の決定方法に関する二件の特許の独占的ライセンシーであった。

チオプリン薬は「6-メルカプトプリン（6-MP）」と「アザチオプリン（AZA）」を有効成分とし、6-MPは体内に投与されると分解され、6-メチル-メルカプトプリン（6-MMP）と6-チオグアニンヌクレオチド（6-TGN）等の代謝物となる。チオプリン薬は、長年、自己免疫疾患治療に使用されてきたが、投与量によっては代謝物の引き起こす副作用の心配があった。そのために、患者の状態に応じて最適な投与量にすることが重要であった。

二件の特許の基本構成は実質的には同じで、①患者に6-MPを有効成分とする薬を投与する工程、②患者体内の代謝物である6-TGN（または6-MMP）の濃度レベルを決定する工程――から成る。病院の医師が既定の濃度基準値（200pmol 以下または400pmol 以上）と代謝物の計測濃度を比較し、投与量の増減を決定する診断方法であった。

プロメテウスは自社製の免疫疾患の検査キットを販売し、メイヨーはプロメテウス製キットを購入していた。しかし、メイヨーが自社製キット（6-TGN及び6-MMPの濃度基準値はプロメテウス製キットと異なる）に切り替えたため、プロメテウスはメイヨーを特許侵害で提訴。メイヨーは特許無効を主張して反論した。

地裁は、診断方法特許が単なるデータ収集のための工程と警告のための工程とにより構成されると見なし、それは自然現象であって特許は認められないと判決した。しかし特許高裁は地裁判決を覆し、この診断方法には特許が認められると判決した。事件は連邦最高裁判所に上告された。最高裁は特許高裁裁判決を破棄して、ビルスキー判決を考慮して新たな判決を出すよう事件を特許高裁に差し戻した。

ブライアー裁判官

特許高裁は、発明がメタボライトの血中濃度と薬の効能・毒性の相関関係を「応用」したものであってそのような応用には特許が認められると判決した。薬が投与されると体内でそれが分解されてメタボライトとなり、投与後、薬は変質するので、必然的に（MOTテストにおける）「変質」の要件を満たすという理由からであった。

メイヨーは改めて連邦最高裁に上告した。最高裁は上告を受理して、特許高裁の差戻判決を破棄・差し戻した。ブライアー裁判官（写真）は全員一致の法廷意見の中でその理由を以下のように述べている。(17)

特許適格に関する道標的な最高裁判例としてディエール判決（一九八一年）とフルック判決（一九七八年）がある。いずれも自然法則に似た数式を用いた方法発明で、ディエール判決の場合、追加的な工程を組み込むことで発明全体として特許を受けることのできる自然法則の応用であると認められた。フルック判決の場合、追加的な工程が記載されているものの、それらは自然法則の「応用」に結びついておらず、しかも化学プロセスが公知であったため特許は認められなかった。

本件は、ディエール判決のクレームよりも特許適格性が弱く、フルック判決のクレームよりも特許の不適格性が強い。追加された三つの工程は、「投与」「決定」「伝達」の作業を病院の医師が行えるような指示にすぎず、それらはこれまで行われてきた通常の行為であって自然法則に何ら実質的なものを追加するものではない。また、これらの追加工程は、患者を扱う際の医師への通知機能をもつだけであって、自然法則の応用と言えるものではない。

連邦最高裁はこれまで、さまざまな判決の中で、自然法則を応用していない特許を認めると将来の発見を阻害することになると繰り返し述べてきた。それは、自然法則や自然原理が科学技術進歩にとって基盤となるからだ。発明者は特許により報いられるべきではあるが、それは自然法則を応用したものに限定される。

遺伝子の単離は発明行為ではない

プロメテウス判決後、医療分野に大きな波紋を投げかけたのが「ミリアッド判決」(二〇一三年)である。

問題の特許はBRCAポリペプチドをコード化する単離DNAに関するものである。発明者は、遺伝性がん患者の家族からがん抑制タンパク質であるBRCA1、BRCA2の遺伝子サンプルを大量に採取し、ある種のDNA変異ががん発症と関係があることを発見し、そのヌクレオチド配列を同定した。その配列からBRCA診断方法を開発し、特許を取得した。特許はミリアッド・ジェネテクスに譲渡されされていた[18]。

た。なお、ＢＲＣＡ遺伝子の変異をマーカーとした診断方法は、ペンシルベニア大学などですでに利用されていた[18]。

「分子病理学学会」とその他の団体・個人がこの特許の無効確認を求める訴訟を起こした。地裁は、係争特許の発明が一〇三条で特許を認めることのできない発明であると認定した、特許高裁は地裁の判決を退け、生体内のＢＲＣＡ1及びＢＲＣＡ2遺伝子に比べ、本件クレームのＢＲＣＡ遺伝子は数が少なく生体内のそれと同一ではない。また生体内のＤＮＡと単離ＤＮＡはその性質において異なる――という理由から特許の適格性を認めた。事件は連邦最高裁に上告された。連邦最高裁は、特許高裁判決を破棄し特許高裁に対してプロメテウス判決を考慮して審理をやり直すよう特許高裁に差し戻した。

特許高裁は差戻審で自らの判決を破棄し、最初の審理を担当した三名の裁判官が改めて審理をやり直した。再審理の結論は当初の結論と同じであった。つまり、遺伝子についての物質クレームおよびこの遺伝子を用いたスクリーニング方法のクレームには特許が認められるが検査方法には認められない――であった。この判決に対して、再度、上告がなされ、連邦最高裁はそれを改めて受理した。

最高裁は、単離ＤＮＡが自然界に存在するもので特許を受けることはできないとして、特許高裁の判決を退けた。ただし、ｃＤＮＡについては人工的に作られたものであるとして特許を認めた[19]。

法廷意見を執筆したトーマス裁判官はその理由を以下のように述べている。

チャクラバーティの発明では、バクテリアに四つのプラスミドが添加され、それによって原油の諸成分が分解できるようになった。本法廷はそのような変成バクテリアに特許を認め、判決理由の中で当該クレームが「これまで知られていない自然現象ではなく、非自然界で生成された製造物または組成物、つまり顕著な名声や特性をもつ人間の才知が生み出した製品である」と説明した。チャクラバーティのバクテリアは、添加されたプラスミドと、原油分解能をもつ「自然界にあるものとは際立った違いのある」新しいものである。対照的に本件では、ミリアッドは何も創造していない。より正確に言えば、ミリアッドは重要かつ有用な遺伝子を発見し、それらを周囲の遺伝子群から単離したが、それだけでは特許を受けることのできる発明とはいえない。

●方法発明のMOTテスト

冒頭に記載したように、特許法一〇一条下で四つの類型の発明が特許を受けることができる。その中で、方法発明については、他の類型と異なる条件を満足しなければならない。その条件を具体的に明示したのがベンソン判決である。

同判決で最高裁は、①方法が機械に接続されていること、②方法によって最終生成物に質や状態の変化がもたらされていること——のいずれかが伴うことを条件とした。これが後日、「MOTテスト」と呼ばれるものである。ベンソン判決後、MOTテストのM（＝機械）は、コンピュータのことであると考えてよい。

このように、特許適格を判断する手段として導入されたMOTテストであるが、その考え方は意外に古く、一九世紀の判例の中にその萌芽が見られる。例えば、連邦最高裁の「コクレン対ディーナ判決」（一八七七年）では、小麦粉の精製方法の特許適格が争われ、発明者が明細書の中で使用する機械を特定していなかったために特許が認められなかった。機械の特定がない特許の場合には、侵害リスクが大きくなるという理由からである。[20]

時代が下るにつれMOTテストの要件は緩やかに適用されるようになる。例えば、さまざまなデータ処理を行って長距離通話料金を計算する方法についての特許の有効性が争われた「AT&T対エクセル事件」での特許高裁判決（一九九九年）がある。[21] 地裁は、唯一の物理的な工程が電話会社のもつデータの収集であるという理由から、特許を無効と判決していたが、特許高裁はこの地裁判決を退け、MOTテストのT（=変質）は特許性にとって絶対的な要件ではないとして特許の有効性を認めている。

このように、MOTテストのTが必ずしも方法発明の特許適格を判断する際の必須要件ではなくなっていた。MOTテストをめぐるそのような歴史が、判例を変更した最高裁のビルスキー判決の背景にあった。[22]

●偶然の賜物のチャクラバーティ判決

チャクラバーティ判決は米国特許法史上十指に入る重要判例である。発明者はアナンダ・チャクラバーティ。彼はインドで博士号を取ったのちアメリカのイリノイ大学に留学し、石油を分解するシュードモナス菌を専門に研究した。

イリノイ大学卒業後、アナンダはジェネラル・エレクトリック（GE）に研究者として就職した。彼に与えられた最初の研究テーマが、牛糞のセルロースを微生物で分解して飼料を作ることであった。牛糞の中に含まれる未消化繊維を分解して家畜の飼料にする研究プロジェクトに配属された。しかし、世界の石油市況が激変し、原油価格が大幅に安くなったため、GEは当初の方針を変え、原料を牛糞から原油に変え、微生物で分解した上で栄養分を飼料に転用しようとした。

アナンダは会社の新しい方針にはあまり関心はなかったが、シュードモナス菌を使った研究は継続した。その結果を学会論文で発表したところ、世界の注目を集め、中東で開催される学会から招待を受けた。

GEは伝統的に、社員による学会発表のための海外出張を自動的に認めていた。しかし、アマンダの出張申請の場合、上司がたまたま彼の出張申請を目にして、学会発表前に特許出願を行うことを出張承認の条件とした。アナンダは、急遽、①微生物を使って原油を分解する工程、②微生物が着床する浮遊物（海面に浮かぶもの）、③人工的に生成した微生物――の三つの発明を特許のクレームとして申請した。

特許庁は、微生物を使った分解方法と微生物の着床物には特許を認めたものの、人工微生物そのものには特許を認めなかった。そこで獅子奮迅の活躍をしたのが特許出願を担当したGEの社内弁理士であった。彼は必ずしも生化学の専門家ではなかったが、新規・有用・非自明の三つの要件を満たす限り特許は認められるべきであり、人工の微生物に特許を認めないのはおかしいという信念から、審判や裁判を争い、最終的に連邦最高裁から特許法史に残る判例を勝ちとったのである。

チャクラバーティ判決は、外国出張承認のための特許出願を命じた勤務先の上司と、異常なまでの執念を燃やして行政審判や裁判で争った社内弁理士という二つの偶然が重なって起こった奇跡でもある。このような偶然が無かったならばチャクラバーティの名前は歴史に残ることはなかったであろう。

（1）米国特許法一〇一条（特許を受けることのできる発明）は以下のように定める。
「新規かつ有用な方法、機械、製造物若しくは組成物又はそれについての新規かつ有用な改良を発明又は発見した者は、本法の定める条件及び要件に従って、それについての特許を取得することができる。」

（2）Gottschalk v. Benson, 409 U.S. 63 (1972). この事件では、特許庁は当初、一〇〇条（定義）を理由に出願を拒絶したが、旧特許高裁（ＣＣＰＡ）はそれを覆していた。

（3）Partker v. Flook, 437 U.S. 584 (1978)

（4）Diamond v. Diehr, 450 U.S. 175 (1981). この判決により、コンピュータ・ソフトウエア関連特許が解禁され、特許高裁は多くの事例でソフトウエア関連発明を認めた。

（5）U.S. Congress, Office of Technology Assessment, Finding a balance: Computer Software, Intellectual Property and the Challenge of Technological Change, TA-0TCT-527, U.S. Government Printing Office.

（6）In re Alappat, 33 F.3d 1526, 1543 (Fed. Cir. 1994).（Alappat のクレーム15は means plus function 形式で記載されていた。争点は、クレーム15の記載が数学的アルゴリズムか機械であるか。ほぼ同時期に、means plus function クレームの解釈を争った Donaldson 事件が特許高裁の大法廷で争われており、特許高裁はそれを考慮して、means plus function クレーム及び step plus function クレームが明細書に開示されたもの及びその均等物である——と判決した。この Donaldson 判決を根拠にして、特許高裁のパネルは、Alppat のクレーム15が一〇一条の「機械」に該当すると認定した。

（7）Diamond v. Chakrabarty, 447 U.S. 303 (1980)

（8）参照、今野浩『特許ビジネスはどこへ行くのか—ＩＴ社会の落とし穴』岩波書店（二〇〇二年）、一八—二三頁。

（9）State Street Bank and Trust Company v. Signature Financial Group, Inc., 149 F.3d 1368 (Fed. Cir. 1998)

（10）業界の要請を受けて、ステート・ストリート・バンク判決の翌年の一九九九年、ビジネス方法特許に対する先使用権の抗弁を認める法改正がなされた。なお、ビジネス方法特許に限定されていた先使用権は、二〇一一年全ての特許に適用されるように改正された。

（11）Bilski et al v. Kappos, 561 U.S. 593 (2010)

（12）Alice Corp. v. CLS Bank, 573 U.S. 208 (2014). 本件の判決内容および解説は、早稲田大学比較法研究所『比較法学』第四十九巻第一号（2015.6.1）、二三四—二四二頁に掲載されている。全文が左記のウエブサイトから閲覧できる。

https://www.waseda.jp/folaw/icl/assets/uploads/2014/05/A04408055-00-041010228.df

（13）日本の場合、医療関連行為発明は研究開発や人道的な見地から特許法第二九条第一項柱書の「産業上利用することができる発明」には該当しないとされており、医療行為に対して特許権を与えない。また、欧州では、治療方法や診断方法のような医療行為に関する発明は産業上利用可能ではないことを明確に規定している（ＥＰＣ五二条（４）１）。

（14）特許法二八七条（ｃ）。ただし、医療従事者に対する医療方法特許の行使は認められない。

（15）Classen Immunotherapies, Inc. v. Biogen IDEC, 659 F.3d 1057 (Fed. Cir., 2011)

（16）LabCorp. of Am. Holdings v. Metabolite Lab., Inc., 548 U.S. 124 (2006)

（17）Mayo Collaborative Services v. Prometheus Lab. Inc., 566 U.S. 66 (2012). この事件は、特許高裁と最高裁の間で二往復した珍しい事件である。最初の特許高裁判決に対する連邦最高裁からの差戻判決を受けた特許高裁は、差戻審でも同じで結論（特許有効）を出したため、最高裁は二度目の上告を受理して特許無効を判決した。この判決後、特許庁は特許適格についての暫定の審査基準を発表している。本件の判決内容および評釈は、早稲田大学比較法研究所『比較法学』第四十六巻第二号（2012.12.1）、二二四—二三五頁に掲載されている。全文が左記のウエブサイトから閲覧できる。

https://www.waseda.jp/folaw/icl/assets/uploads/2014/05/A04408055-00-041010228.df

（18）ＢＲＣＡ遺伝子の変異は、遺伝性の乳がんや卵巣がんの発生と相関関係があるとされている。例えば、一般に米国女性の乳がん発生率は平均一二〜一三パーセントであるのに対して、ＢＲＣＡ変異を起こした女性の場合には五〇〜八〇パーセントと発症リスクが高い。ＢＲＣＡ変異の有無を診断すれば有効ながん治療法が得られると考えられていた。

（19）Association for Molecular Pathology et al., v. Myriad Genetics, Inc., et al., 569 U.S. 576 (2013). この事件も、特許高裁と連邦最高裁の間で二往復した。連邦最高裁が医療方法の特許に大きな関心をもっていることは明らかである。この判決についての評釈は『アメリカ法』日米法学会、二〇一四年・１、二三三―二三六頁に掲載されている。また、医療従事者向けの解説として、藤野「単離ＤＮＡは特許にならない―米最高裁ミリアッド判決とその影響―」（『日経メディカル』Cancer Review, 2013.9.20, pp.39–41）がある。

（20）Cochrane v. Deener, 945 U.S. 780 (1876). 争われた発明は、最初に小麦粉から微粉粒を除去し、次に小麦粉に風をあてて異物を取り去り、残った小麦粉を再度粉砕し、最後に除去していた微粉粒と併せて精製小麦粉を製造する方法であった。

（21）AT&T Corp. v. Excel Communications, Inc., 172 F.3d 1352 (Fed. Cir. 1999)

（22）Rober E. Schechter & John R. Thomas "Principles of Patent Law" Thomson West, 2004, pp. 28–30.

第三章　先行技術としての発明の「販売」（オンセールバー）

発明が特許をうけるためには、それが新しく（新規）かつ有用で（有用）、それまで知られていない（非自明）ものでなければならない。これらは、発明に特許が認められるための基本的な条件である。

これらの条件について、特許法は新規性と有用性を一〇一条で、新規性を喪失させる先行技術について一〇二条で、非自明性を一〇三条で定めている。本章は、一〇二条が規定する先行技術、とりわけ発明の「販売」がどのようになされた場合に特許が否定されるかを具体的に示す判例を取り上げる。

一九五二年特許法は、特許が否定されるための拒絶理由を二つのタイプに分けていた。第一のタイプは、第三者が発表した先行技術が発明の出願日前に特許や文献などで公表された場合である。第二のタイプは、発明者自身による特定の行為が出願日の一年以上前に発生していた場合に生じる拒絶理由である。第一のタイプは刊行物に記載されているため、特許審査の過程で確認することができる。他方、後者のタイプでは、証拠による裏付けが必要になるため、裁判で確認されることが多い。

このように、性質の異なる拒絶理由であるにもかかわらず、両者は一〇二条の中で先行技術としてくくられているため、混同が生じがちであった。それを解消するため、二〇一一年の特許法改正により規定が次のように改正された。

改正特許法一〇二条
(a) 新規性・先行技術　以下の場合を除き、何人も特許を受けることができる。
(1) 特許請求された発明が、当該発明に係る有効出願日前に特許されていた、印刷刊行物に記載されていた、又は、公けに使用、販売、もしくはその他の形で公衆の利用に供されていた場合、
……(以下、略)

連邦最高裁はこれまで多くの特許事件の上告を受理しているが、発明者自身の行為に基づく先行技術、つまり条文でいう「公けに使用、販売、もしくはその他の形で公衆の利用に供されていた場合」に相当するとされた事件はわずか一件だけである。その事件では、守秘義務のある発明情報が売却され、その行為が発明の拒絶理由になるかどうかが争われた。この事例については後段にて改めて詳述するとして、その前に次節で、発明の内容が特許出願日の一年以上前に「販売されていた」と判決したこれまでの主要な判例を検討しておく。

●オンセールは着想が完成した時に生じる

発明が特許出願の一年以上前に販売されていれば、その発明は新しいものとは言えず、特許を受けることはできない。この場合の販売には、販売の売り込みも含まれている。また、たとえ発明の内容が一般の目に触れなかった場合でも、発明が販売されたとみなされ新規性は喪失する。

オンセールバーの要件を確立した判例が「ファフ対ウェルズ・エレクトロニクス事件」での連邦最高裁判決（一九九八年）である。[1] この事件で争われたのは、発明品に対する注文のタイミングと発明品の完成のタイミングが異なる場合、オンセールバーはいずれの時点を判断基準とすべきかという問題であった。

技術者のファフは、テキサス・インスツルメント（TI）からコンピュータ用チップ・ソケットの開発依頼を受け、開発予定のチップ・ソケットの図面をTIに提示した（一九八一年三月）。TIは、図面で示されたチップ・ソケット三万個を購入する旨の注文書をファフに送付した（同年四月八日）。ファフは三カ月後の七月に製品を完成し、翌一九八二年四月一九日に特許を出願した。したがって、オンセールバーの起算日は、出願日の一年前の一九八一年四月一九日となる。

ウェルズ・エレクトロニクス（WE社）が類似製品を製造・販売したため、ファフは同社を特許侵害で提訴した。WE社は、ファフがTIから注文を受けた時点でオンセールバーが発生するとして、ファフ特許の無効を主張した。この主張に対して、チップ・ソケットの完成は一九八一年七月、つまり出願日前の一年未満なのでオンセールバーは適用されないと反論した。[2]

地裁はオンセールバーの起算をチップ・ソケットが完成した一九八一年七月と判断し、チップ・ソケットの特許出願日から一年を超えないので発注の事実は拒絶理由とはならず、ファフの特許は有効であると認定した。被告は特許高裁に控訴した。特許高裁は、TIからチップ・ソケットの発注があった時点で発明は実質的に完成していたと認定して、特許無効を判決した。ファフは連邦最高裁判所に上告した。

連邦最高裁は、発明を完成させるためのアイデアが十分に示されていれば、発明の完成前であっても特許を受けることができるとして、裁判官全員が特許高裁の判決を支持した。

連邦最高裁の判決理由の要旨は以下のとおりである。

先ず、製品販売の売り込みがなされた物でなければならない。発明者は自分の発明の販売時期を知っており、それを管理することができる。……本件では、一九八一年四月八日の注文書に先立って、販売の売り込みがなされていたことは明らかである。販売は試験目的ではなく、商業目的であったことも疑問の余地はない。

次に、発明は特許を受ける状態になっていなければならない。それは、少なくても①起算日前の完成の立証、②起算日前に発明者が作成した詳細な記述のある図面や書面により、当業者が発明を完成できることの立証――により達成できるであろう。本件の場合、起算日前にファフがＴＩに図面を送付しており、それによって第二の条件が満足される。

非公開の発明でもオンセールバーは成立する

オンセールバーが適用されるか否かの判断ポイントは、発明が公開されていたか非公開であったかではなく、発明が売却されたかどうかである。これは、「スペシャル・デバイシズ対ＯＥＡ事件」（二〇〇一年）で特許高裁が確立した判例である。(3)

この事件の原告ＯＥＡは車載用エアバックの起爆装置のメーカーである。ＯＥＡは、エアバッグの起爆装置の半数以上の部品を訴外クーアズ・セラミックスに製造委託した（一九九一年四月）。クーアズが部品製造委託を受け入れたので、ＯＥＡは同年六月、二万台分の部品製造をクーアズに委託した。そのための契約書を七月に結び、八月二七日にクーアズとＯＥＡは製造方法と装置についてそれぞれ特許出願を行った。出願の手続きは、同一の特許代理人が行い、特許庁の審査官に両者間の部品の製造委託についてはは通知しなかった。両者の特許は認可された。

クーアズは一九九五年、別の代理人を通して製造方法に関する特許の再発行を申請した。新しい代理人は特許庁の審査官に対し、出願人が一九九一年にＯＥＡとの間で部品製造委託契約を結んでいた事実を通知した。審査官はこの通知を受け、製造委託契約に基づく特許品の販売は一〇二条（ｂ）のオンセールバーにあたるとして再発行特許の出願を拒絶した。

他方、ＯＥＡは、スペシャル・デバイシズに対して、所有する装置特許の侵害警告状を送付した（一九九九年）。警告状を受けたスペシャル・デバイシズは、ＯＥＡ特許の無効・非侵害の確認を求める訴訟を提起した。裁判でＯＥＡは、クーアズからの部品購入はクーアズの方法特許にだけ適用されると主張したが、地裁はその主張を入れず、ＯＥＡの装置特許を無効と判決した。特許高裁もオンセールバーの適用を認め、地裁判決を支持した。

●発明の着想が完成しない限りオンセールは生じない

判例上、オンセールに関する旧法の規定は、発明が完成しないかぎり生じない。代表的な判例として

「タイムリー・プロダクツ対アーロン事件」（一九七五年）[4]や「ダート・インダストリーズ対E・Iデュポン社事件」（一九七三年）[5]などがある。いずれも控訴裁の判例である。ダート・インダストリーズ事件は連邦最高裁に上告されたが、最高裁はそれを受理しなかった。

ダート・インダストリーズ事件で争われたのは、強化ガラス含有の熱可塑性化合物の発明である。一九五二年一二月二四日に出願され、一九五九年三月一七日に特許が認められた。発明者は、自分の発明の着想がほぼ完成した時に、少量の化合物をE・Iデュポンを含む成型会社四社に対し試験の名目で有料で提供した。発明者はその時点で、機械による成型テストをまだ行っていなかった。当時、使用する化合物の材料は入手が困難であり、発注された数量の化合物を商業的に販売することは困難な状況にあった。その後、両者はライセンス契約を結んでいたが、E・Iデュポンが解約したため、特許侵害訴訟が起こされた。

地裁は、発明者による化合物の販売は試験を目的とした限定的なものであるとして、オンセールバーを適用せず、特許を有効とし、侵害を認定した。しかし、第七巡回区控訴裁（インディアナ州、イリノイ州及びウィスコンシン州を管轄）はオンセールバーを適用し、地裁判決を破棄した。第七巡回区控訴裁はその理由を以下のように述べた。

発明者による化合物の販売は、少なくても部分的には彼の着想の実現可能性を業界に知らしめるためのものであったことは記録からも明らかである。業界が製品の実現可能性について結論を得るためにはもっと試験を行う必要があったと地裁が認識していたかどうか――この点がはっきりしないため発明の完成についての地裁認定は曖昧なものとなっている。……明らかなのは、完成品は基準日よりも前に販売されていたことである。

たとえ販売量が少量で、発明者や彼の顧客が製品の商業的な受け入れ可能性を見通せなかったとしても、発明の完成が早く審査官の引例を十分に回避でき、それが特許出願よりも一年以上前であるならば、成型会社四社にその発明を用途制限なしに販売したことで、当該発明に対する特許付与が拒絶される。

●守秘義務下での販売は新規性の阻却事由となる

二〇一一年の特許法改正により、新規性に関する特許法一〇二条の規定が抜本的に改正され、先発明制度は先出願制度に全面的に移行した。この改正により、「もしくはその他の形で公衆の利用に供されていた場合」のフレーズが一〇二条（a）（1）に追加された。

新設されたフレーズの解釈について、当時の特許庁の審査マニュアルには、守秘義務を課した販売や使用は改正特許法一〇二条（a）（1）の先行技術には含まれないと解釈する旨が記載されていた[6]。

守秘義務の下で販売された発明が特許の拒絶理由となるかどうかをめぐり争われたのが「ヘルシン・ヘルスケア対テバ・ファーマシュウティカルUSA事件」（二〇一九年[7]）である。ヘルシン・ヘルスケアはスイスの製薬会社で、がん治療による悪心嘔吐（CINV）阻害剤の「アロキシ」（Aloxi）を製造・販売していた。アロキシの薬効成分は「パロノセトロン」である。

ヘルシン・ヘルスケアは二〇〇〇年、パロノセトロン0.25mgと0.75mgの臨床試験を米食品衛生局(FDA)に申請し、その後に米国の製薬会社二社と同剤の販売契約を結んだ。販売会社には、ヘルシン・ヘルスケアから提供された専有情報についての守秘義務が課せられていた。契約から二年経過した二〇〇三年一月、ヘルシン・ヘルスケアはパロノセトロンを特許で保護するための仮出願を行い、その仮出願を優先権主張して四件の本出願を行った。特許はすべて認められた。

テバ・ファーマシュティカル(以下、テバ)はイスラエルの後発医薬品会社である。同社は二〇一一年、パロノセトロン0.25mgの後発医薬品の販売申請をFDAに行った。そのため、ヘルシン・ヘルスケアは、テバを相手取り特許侵害訴訟を提起。それを受けてテバは、パロノセトロンが特許出願前に市販されていたことを根拠に、特許無効の判決を求める確認訴訟を提起した。

地裁は、パロノセトロン0.25mgについては守秘義務のため内容が一般公開されておらず、その販売によって発明の新規性が失なわれることはないと判決した。しかし、特許高裁は、発明が開示されていたか否かに拘わらず、契約の下で販売が行われたならばそれにより特許は新規性を失うと判決して地裁判決を覆した。ヘルシン・ヘルスケアは連邦最高裁判所に上告。上告を受理した最高裁は、特許高裁の判決を支持する判決を下した。

トーマス裁判官は全員一致の法廷意見の中で次のように述べている。

特許問題を管轄する特許高裁は、当法廷の先例で明らかにしていない争点について明確な解釈を示している。例えば、二〇〇一年のスペシャル・デバイシズ社対OEA判決では、秘密裏に行われた販売によっても特許は無効となる旨を判示している。この事件で特許高裁は発明品の在庫目的での販売が秘密裏に行われたことを根拠に特許を無効とした。

このように旧法下でのオンセールの定義に関する判例は確立している。したがって、連邦議会のAIA法（二〇一一年改正法）の制定に際し、同一の文言に判例で確立したものと同じ意味を持たせたものと推定している。「シャピロ対合衆国事件」（一九四八年）で当法廷は「旧法の文言を新法に使用するにあたり、連邦議会は判例で確立した解釈を採用して新法の一部に組み込んだと考えなければならない」と判示している。

改正された一〇二条は、旧法の用語であるオンセールと全く同一の用語を使用しており、新しく包括的なフレーズの「もしくはその他の形で公衆の利用に供されていた場合」を追加しただけである。合衆国政府はこの点について、AIA法の制定前にオンセールの定義が確立していたならば、AIA法に追加された文言は確立した定義をあいまいにする以外の何者でもないと主張しているが、連邦議会がそのような追加によって改正法のオンセールの意味を変える意図をもっていたと結論づけることはできない。

●販売契約の内容からオンセールバーが推定される

販売されたかどうかの事実を販売契約の内容から推定されたのが「メディシンズ・カンパニー対ホス

ピーラ事件」での特許高裁の全員法廷判決（二〇一八年）である。

この事件の原告であるメディシンズ・カンパニー（以下、メディコという）は、抗血栓剤として知られる「アンジオマックス」（Angiomax）の特許出願を行い、特許が認められた。メディコは、同剤を外部企業に製造委託した。

メディコは、販売会社との間で、同剤の販売についての契約を二〇〇七年二月二七日に結び、三年間は他社には販売しないことに同意した。販売会社が最初にアンジオマックスを入手したのは二〇〇七年八月であった。

被告のホスピーラは、「アンジオマックス」の後発医薬品の販売承認を当局であるFDAに申請した。メディコは、アンジオマックス特許が侵害されたとしてホスピーラを連邦地裁に提訴。ホスピーラは、特許出願日より一年以上前にメディコと販売会社との間で結ばれた販売契約がオンセールバーを構成するため、特許は無効であると主張した。

地裁は、発明が特許を受けられる程度に完成していたことを認め、特許の出願日である二〇〇八年七月二七日より前に販売のための売り込み（申し入れ）がなされていないため連邦最高裁の判例（ファフ判決）の要件が満たされていないと判断し、アンジオマックスの販売申し入れはなかったと判決した。

特許高裁（パネル）はこの地裁判決を破棄して、オンセールバーを理由に特許無効を判決した（メディコ事件Ⅰ）[8]。メディコは特許高裁の裁判官全員による再審理（大法廷）を請求した。大法廷はパネル判決を破棄して事案をパネルに差し戻した。

特許高裁は改めて審理をやり直し、地裁が、販売契約を販売申し入れと認めなかったのは誤りであるとして地裁判決を破棄し、販売申し入れについての判断を求めて、地裁に差し戻した（メディコ事件Ⅱ(9)）。特許高裁のパネルは、差戻審で以下のように述べている。

本件では、ビジネスの世界での販売と販売のための申し入れとして理解されうる活動に焦点をあて、一般的な契約法の下で争点を分析する。一連のやりとりが販売のための申し入れにあたるかどうかを判断するため、有用な手引きとして絶対的ではないが「統一商法典」（ＵＣＣ）がある。それによれば、商業上の販売とは「買った商品に対して買手が売手に支払いをするか支払いの約束をすることを条件に、財産権を提供・受領する当事者間の契約である」。販売のための申し入れとは「簡単な受け入れ表明により他の当事者が拘束力のある契約をむすぶ行為」である。

メディコ事件Ⅰで確立された基準によれば、メディコと販売会社が製品の販売契約を結んだことは、契約条件から明らかである。例えば、メディコが販売会社に「製品の販売を希望し」、販売会社が「製品の購入と販売を希望する」規定がある。また、製品の価格や買付けスケジュール、メディコから販売会社への権限の移転なども記載されている。

発明はそれが実施されたとき特許を受ける状態になければならない。地裁は、本発明がその状態にあったことを認めた。その点については我々も同意する。メディコ事件Ⅰでは、この問題が取り上げられていないが、地裁がそのように判断したことに誤りはない。

意味不明な用語の記載は要件不備

発明の内容についての特許性要件とは別に、発明内容を明瞭かつ明確に記載するという形式要件も定められている。これは、「記載要件」と呼ばれるもので、特許法一一二条（2）で規定されている第四の特許性要件である。

ロバーツ・コートはこの第四の特許性要件に関して一件の判例を残している。それが、特許クレームの記載要件について争われた「ノートトリス対バイオシグ事件」である。[10] この事件は、本章のテーマであるオンセールバーとは直接関連しないが、「新規性」に関連する要件であるため、その事件概要と判決内容をここで紹介しておきたい。

「ノートリス事件」で争われたのは、ジムなどの運動器具を使用するユーザーの心拍数をモニターする技術に関する特許。従来型の運動器具では、ユーザーの心拍数を検出するにあたり心臓の鼓動から生成されるＥＣＣ信号に筋肉の収縮によって生じるＥＭＧ信号が干渉するため、ＥＣＣ信号の正確な検出が妨害された。特許では、ユーザーが手で握ることのできる位置に共通電極と活性電極を配置してこの問題点を解決した。二つの電極は所定間隔を置いて円柱状のバーに配置されると記載されていた。

特許侵害裁判で、被告のノートトリスは、特許クレームの「所定の間隔を置いて」という用語の意味が不明瞭であり、記載要件を満足していないと主張した。地裁はノートトリスの主張を認め、略式判決で特許無効を判決した。

この事件は控訴され、特許高裁は、特許クレームの用語の意味が解釈可能な場合や特許クレームが解決不能なほどあいまいでない限り、記載要件は満足されると判断して地裁判決を破棄した。

ギンズバーグ裁判官

この事件は、連邦最高裁に上告された。最高裁は明細書や審査経過書類を参照しても当業者が発明の権利範囲を理解できない場合、特許は一一二条（2）の求める記載要件を満足しておらず、無効であるとして、特許高裁の判決を破棄して、差し戻した。

ギンズバーグ裁判官（写真）は、全員一致の法廷意見の中で判決理由を以下のように述べている。

特許法一一二条（2）の記載要件は、特許の請求項で使用された用語に内在する限定事項をも考慮しなければならない。特許の請求項は弁護士や一般大衆のために書かれたものではなく、あくまでも当業者が判断することを想定して作成されたものである。同時に、一般社会に対し何が権利範囲かを明白に知らせる通知機能も果たさなければならない。そのような通知機能によって、どの領域（の技術）が公衆に開放されているかが理解できる。企業の開発中の製品が、結果として特許侵害のリスクを負うという不確実性を除去することが重要である。

特許高裁の判断基準は適切ではない。特許高裁は、特許の用語の意味を「解釈可能な場合」や「解決不能なほどあいまいな場合」という基準で判断したが、そのような基準は一一二条（2）の求める基準を満たさない。不明瞭ではあるが「解決不能なほどあいまい」な特許の請求項を許容すると、同条の記載要件により導かれる公共への通知機能を喪失させることになる。また、特許の権利範囲の不確実性を維持することを助長させることにつながり兼ねない。

特許高裁の判断基準は不十分であり、そのような判断基準では地裁や特許弁護士に対して信頼できる指針にならない。

（1）Pfaff v. Wells Electron, Inc., 525 U.S. 55 (1998)

（2）旧一〇二条（b）は、「その発明が合衆国における特許出願日の一年より前に合衆国若しくは外国において特許を受け若しくは刊行物に記載されたか、又は合衆国において公然実施され若しくは販売された場合、又は……」と規定していた。

（3）Special Devices, Inc. v. OEA, Inc., 270 F.3d 1353 (Fed.Cir.2001). この事件で原告のＯＥＡは、部品の供給者に対してはオンセールバーの適用を除外すべきであると主張した。特許高裁はそのような例外は条文にも判例にもないので連邦議会が法律の改正によって創設すべきものであると述べて、その主張を退けた。この事件は、特許法二八五条（弁護士費用）の判例としても有名である。ＯＥＡが特許庁に対してクーアズからの部品購入を特許庁に通知しなかったことが不実行為に当たるとして、スペシャル・デバイシズ社がＯＥＡによる弁護士費用の負担を求め、地裁はそれを認めた。

（4）Timely Products Corp. v. Arron, 523 F. 2d 288, 299–302 (CA2 1975)

（5）Dart Industries, Inc. v. E. I. Du Pont de Nemours & Co., 489 F. 2d 1359, 1365, n. 11 (CA7 1973), cert. denied, 417 U. S. 933 (1974)

（6）MPEP, 2152.02(d) On Sale [R-11.2013]

（7）Helsinn Healthcare S.A. v. Teva Pharmaceuticals USA, Inc., et al., 586 U. S. __ (2019)

(8) The Medicines Company v. Hospira, Inc. (Fed. Cir. 2016) (*en banc*)
(9) Medicines Co. v. Hospira, Inc., No. 14–1469 (Fed. Cir. 2018)
(10) Nautilus, Inc., v. Biosig Instruments, Inc., 572 U.S. 898 (2014)

第四章　行政機関による特許発行後の有効性審査（ＩＰＲ）

連邦取引委員会（ＦＴＣ）は二〇〇三年一〇月、「イノベーション促進のための競争と特許法と政策の適正なバランス」と題する報告書を発表した。[1] この報告書の中でＦＴＣは、特許制度改善のための一〇項目を提言した。最初の項目が特許の質を改善するための特許付与後の当事者系再審査制度（ＩＰＲ）の導入であり、[2] 二〇一一年に成立した改正特許法は、ＩＰＲを含む報告書が提案した多くの制度改革を実現した。

新しく導入されたＩＰＲの下で、誰でも何時でも特許の有効性について再審査を求めることができる。ＩＰＲの請求人は、先行技術を証拠として提出すれば、全てのクレームまたは特定のクレームの取り消しを求めることができる。

ＩＰＲ請求が第三者からなされた場合、特許権者はＩＰＲ開始に反対することができる。しかし、ＩＰＲ開始の判断は特許庁長官の裁量であり、少なくても一つのクレームについて特許性に疑問があると判断すれば、ＩＰＲは開始される。ＩＰＲの開始決定を裁判で争うことはできない。

ＩＰＲを担当するのは、特許庁に新設された審判部（ＰＴＡＢ）の審判官三名から成る合議体（パネル）である。ＩＰＲの請求人および特許権者は、証拠開示や口頭弁論を求めることができる。裁判と同じように、各種宣誓書や供述書の提出を求めることもできる。請求人は、証拠の優越性を考慮して特許性の欠如を立証しなければならない。特許権者は、クレームを補正して特許の修正を求めることができる。

特許権者は、IPRの結果が出る前に、請求人との間で書面による和解契約を結び、IPRを終了させることもできる。当事者間の和解がない限り、特許庁はIPRの開始から一年以内に結論を出さなければならない。特許庁は、IPR対象の特許クレームの無効、有効を、そしてクレームが修正された場合には修正クレームの特許性を決定することになる。この決定に対する不服申立ては、特許高裁に提起することができる。当事者は、特許高裁での控訴手続きに参加することができる。

●IPR開始の決定を争うことはできない

改正特許法は、特許庁長官によるIPRの開始決定が最終的なものであり、その決定を争うことはできない、と規定する（三一四条（d））。この規定の解釈をめぐって争われたのが「クオゾ・スピード・テック対特許庁長官事件」（二〇一六年）である(3)。

この事件は、第三者がクオゾ社の所有する特許に対しIPRを請求したもの。特許庁長官はIPRの開始を決定し、特許権者であるクオゾ社はクレームの補正を求めた。しかし、特許庁はクレームの補正を認めず、IPRの結果、クオゾ社の特許は無効とされた。

クオゾ社は、特許庁のIPR開始の決定は誤りであったとして特許高裁に控訴し、特許庁の判断基準である「最も広い合理的な解釈」基準の適用が誤りであり、「当業者にとっての通常の意味」基準を適用して判断すべきであったと主張した。

この主張に対し特許高裁は、①特許法三一四条（d）によりIPR開始の決定に対する控訴は認められない、②IPR関連の規則制定は特許庁の専管事項である――などを理由にしてクオゾ社の主張を退けた。クオゾ社は連邦最高裁判所に上告した。

連邦最高裁は、特許法三一四条（d）でIPRの開始決定が最終的であり不服の申立てはできないと明記されているので、裁判所が特許庁の決定に介入することは適切ではないとして、裁判官が全員一致で特許高裁の判決を支持した。ブライアー裁判官は法廷意見の中で判決理由を以下のように述べている。

クオゾ社は、判例上、裁判所による審理を認める「強い推定」が働くと主張する。しかし、その主張は認められない。仮にそのような推定が可能であるとしても、今回の争点はあくまでも特許法三一四条（d）に基づくIPR開始の決定についてのものである。憲法上の問題や特許法の他の規定についてのものであれば裁判所が審理できるであろうが、本件でクオゾ社が主張する問題は、それらとは一切関連しないものである。

クオゾ社は、IPR請求の根拠が薄弱であり、具体的な無効理由がないと主張する。しかし、それは三一四条（a）で問われるべき要件の問題であって、本件が対象とする三一四条（d）の問題ではない。

特許庁が依拠する「最も広い合理的な解釈」基準、つまり、特許クレームを最も広く合理的に解釈してIPR開始が適切であるかどうかを判断することについて、ブライアー裁判官は次のように述べて、その正当性を支持した。

法律の条文が曖昧である場合、裁判所は通常、議会の立法意図を斟酌する。本件の場合、特許庁にはIPRを管理するための規則制定の権限が法律で認められている。そして、本件で主張されている解釈基準を強制する規定もない。IPRの目的上、特許庁が一つの判断基準に縛られる必要はない。

すでに認められた特許を審判の手続きで見直すという制度目的上、「当業者にとっての通常の意味」基準を適用するのがふさわしいとクオゾ社は主張する。しかし、それは受け入れられない。その主張は、IPR手続きが裁判所の手続きとは違い、専門機関による手続きであるという事実を無視しているからだ。IPRは単に特許紛争を解決するだけではなく、特許による独占が法制度の枠内に収まるようにするための公益性の担保も目的の一つにしている。法律の条文からも、その目的からも、そしてその沿革からも、議会がIPRに関する特定の基準を決めていたとは読み取れない。

IPR規則の制定は特許庁の権限の一つである。「最も広い合理的な解釈」基準はクレーム作成時の正確性を担保し、特許の範囲を過剰に拡張させない予防効果をもつもので、それは百年余の歴史を有している。これまでもさまざまな手続きに適用されてきた。たとえＩＰＲ手続きと裁判所での審理に適用される基準に相違があるとしても、特許庁のＩＰＲ規則は合理的であり、それに代わるものは現状では見出しえない。

請求された全てのクレームを審査しなければならない

前出のクオゾ判決で、特許庁のＩＰＲ開始の決定は最終のものであり、裁判で争うことができないことが明らかにされた。次に争われたのがＩＰＲ請求のあったクレームの一部を特許庁が再審査した場合に違法となるかという問題であった。これは「ＳＡＳインスチチュート対特許庁事件」で争われた(4)。

ＩＰＲ手続きにおいて、請求人は再審査を求める特許クレームを特定し、なぜそれが特許性を欠くか、その理由を述べなければならない。その場合、特許権者には反論の機会が与えられる。特許庁は、ＩＰＲが請求されたクレームのうち、少なくても一つのクレームが無効とされる可能性があると判断したときには、ＩＰＲの開始を決定することができる。ＩＰＲ開始が決定されると、請求された全てのクレームが再審査されることになる。

ＳＡＳインスチチュート事件は、コンプリメント・ソフト社が所有するソフトウエア特許をめぐって争われた。ＳＡＳ社は同特許の全クレームについてのＩＰＲを請求した。特許庁は、部分的なＩＰＲを認める規則（37 CFR Section 42.108(a)）に基づき、請求された中から一部のクレームを選んで特許性の判断を行い、残りのクレームについては判断を保留した。同規則の規定によれば、特許庁審判部はＩＰＲ請求のあったクレームの全部または一部の特許性の見直しをすることができる。

ゴーサッチ裁判官

SAS社は、特許庁のIPR開始の決定を不服として特許高裁に控訴し、IPRの対象として特定された全てのクレームについて特許性を再審査すべきであると主張した。特許高裁は三一四条（d）を根拠にSAS社の控訴を退けた。事件は、連邦最高裁判所に上告された。

最高裁は、特許庁は請求された全てのクレームの特許性を判断しなければならないと判決し、特許高裁の判決を破棄した。(4) ゴーサッチ裁判官（写真）は、法廷意見の中でその理由を次のようにのべている。

特許法三一八条（a）は、請求に基づいてIPRが開始されることを前提としている。連邦議会が特許法を改正したのは、請求人がIPRの要否を決定することができるようにしたもので、その権限を特許庁長官に委ねるものではない。たしかに、旧再審査制度では特許性の問題について、特許庁の裁量でいつでも再審査することができた。しかし、現行のIPRでは、特許庁の裁量は再審査を「開始する」か「開始しない」かの判断に限定されている。一旦、開始を決定したならば、IPR請求のあった全てのクレームについて、その特許性を再審査しなければならない。

もし連邦議会が特許法の改正にあたり、一部のクレームだけの再審査を考えていたのであれば、当該条文はそのような趣旨の規定になったであろう。もし特許庁に一部のクレームに限定する裁量を認めていたのであれば条文の書きぶりもそのようになっていたであろう。しかし、現行の規定によれば、争訟の範囲を決めるのはＩＰＲの請求人であって、特許庁長官ではないことは明らかである。

特許庁は、特許法の三一四条（ａ）と三一八条（ａ）の規定が整合していないことを理由にして、それを調整するために限定したクレームの再審査を職権で開始できると主張した。しかしゴーサッチ裁判官は以下にように述べて特許庁の主張を退けた。

特許法三一六条（ｄ）の規定は、請求人に対し、ＩＰＲ請求されたクレームの一部に限定して再審査を請求し直し、他のクレームの再審査を放棄することを認めている。この規定はＩＰＲの請求人に適用される規定であって、特許庁に適用されるものではない。

特許庁は、クレームを限定して再審査することが効率的であると主張する。つまり、再審査を特定のクレームに限定することで時間と資源が節約できるという主張である。しかし、それは連邦議会が扱うのが適切であって裁判所が判断すべき性質のものではない。特許庁長官に「裁量権」があるとする特許庁側の主張についても特許法の条文にはそのような規定はない。連邦最高裁の先例でも認められていない。

司法手続きに似ていても合憲である

一定の要件を満たす場合、特許庁は登録済の特許を再審査してそのクレームを無効にすることができる。これが二〇一一年の改正特許法に導入されたＩＰＲであり、特許庁は裁判所での手続きと同様、ディスカバリーに基づく証拠開示や口頭弁論を行うことができる。ＩＰＲの結果に対する不服の申立ては、特許高裁に行うことができる。

行政機関である特許庁が司法制度に準じた審査手続きを行うことが、合衆国憲法に違反するかどうかが争われたのが「オイル・ステート・エナジー対グリーン・エナジー・グループ事件」（二〇一八年）である。

この事件で、オイル・ステート・エナジーは、原油採掘のために地中に埋設する装置の保護技術に関連する特許を保有し、グリーン・エナジー・グループを同特許に侵害するとして提訴した。被告のグリーン・エナジー・グループは、原告の特許の有効性を裁判所で争うと共に、特許庁に対し同特許のＩＰＲを請求した。

地裁は、原告オイル・ステートの主張を認め、被告グリーン・エナジーによる特許侵害を認定した。一方、特許庁は、ＩＰＲの結果、特許の無効を決定した。オイル・ステートはこの特許庁の決定を不服として特許高裁に控訴し、ＩＰＲそのものが合衆国憲法に違反するとの主張を行った。オイル・ステートは、別件で同様の違憲問題を特許高裁に提起したが特許高裁はそれを退けていた。その前例に基づき、特許高裁は本件での違憲の主張を退けた。オイル・ステートは連邦最高裁判所に上告した。

連邦最高裁は、ＩＰＲが合衆国憲法第三篇（Article III）及び合衆国憲法第七修正（The Seventh Amendment）に違反するかどうかの問題に限定して上告を受理し、ＩＰＲが合衆国憲法に違反しないと判決した。(5)

トーマス裁判官は法廷意見の中でその理由を次のように述べている。

特許の有効性は一八世紀の英国裁判法に基づき判断されてきた。つまり、コモンローやエクィティの観点から裁判所が専属管轄権をもって判断してきた。ＩＰＲの導入はその伝統的な原則に背反するとの主張がなされたが、その主張の立証は適正になされていない。

英国裁判法の下では特許を無効するか否かは、枢密院（Privy Council）——これはＩＰＲに酷似する制度である——が決定した。合衆国憲法の特許条項が草案された当時、それが特許実務にどのような影響を与えるかだれも予想できなかった。また、裁判所が特許の無効を判断するのが伝統という事実によってそれが未来永劫に不変であることを意味するものでもない。……場合によって立法、行政、司法に委ね得るものである。これまで裁判所が特許の有効性の判断を行ってきたという理由だけで、その役割を特許庁が担うことを阻止することはできない。

特許庁でのＩＰＲ手続きと裁判所での裁判手続きが類似するという理由から、合衆国憲法第三篇違反が主張されたものの、最高裁は手続きの類似性だけで違憲を論じることはないとした。しかし、本件の違憲問題は限定的であり、ＩＰＲの違憲性だけが判断の対象であることを留意すべきである。ＩＰＲの遡及可能性やデュープロセスの問題については判断しない旨が判決文の中で明記されている。

法定期間が過ぎた請求は認められない

クオゾ社判決では、特許庁のIPR開始の決定が最終であり、その決定について裁判で争うことはできないことが確認された。また、SAS判決で、特許庁は請求されたクレーム全てについての特許性判断をしなければならないことが確認された。

次に争われた問題は、訴訟が提起された特許についての訴訟提起時期をめぐる争いである。この問題は、「スリブ対クリック・ツー・コール・テクノロジーズ社事件」（二〇二〇年）で争われた。この事件で、訴訟提起から一年経過後にIPRが請求された場合、IPRは開始されないとする規定（三一五条（b））の解釈が問題となった。

本件の被告クリック・ツー・コール（以下、CTC）は、匿名電話システムに関する特許を所有していた。原告は同特許のIPRを請求した。CTCはIPR開始に反対した。その理由は、二〇〇一年当時、独占的ライセンシーであったインフォロケット.com社がスリブ社（当時はキーン社が社名であった）に対し侵害訴訟を提起しており、すでに一〇年以上が経過して出訴期限が過ぎていたためであった。この事件は、被告が原告を買収したため、裁判所はその事案を却下していた。

本件では、特許庁はIPR開始を決定し、再審査の結果、一三あるクレームすべてを無効と決定した。CTCはこの決定を不服として特許高裁に控訴した。しかし特許高裁は、IPRについては管轄権をもたないとしてCTCの控訴を棄却した。CTCは連邦最高裁判所に上告。連邦最高裁はそれを受理し、特許高裁の判決を破棄・差し戻した。

最高裁の差戻しを受けた特許高裁は、改めて審理をやり直し、別の事件（Wi-Fi One v. Broadcom 事件、二〇一八年）での裁判官全員による判決（大法廷判決）に従い、本件での特許庁の決定が誤りであったと判決した。引用された大法廷判決は、三一五条（b）に対する不服の申立てを認めた判例であった。

事件は再び連邦最高裁に上告された。連邦最高裁は、特許庁の決定が最終のものであり、それを裁判で争うことはできないとして、特許高裁の差戻審判決を破棄し、意見書を付けて事案を特許高裁に差し戻した。

ギンズバーグ裁判官は、判決理由を以下のように説明している。(6)

特許法三一四条（d）により、特許庁のＩＰＲ開始の決定に対し当事者は控訴できない。当法廷はクオゾ判決で「ＩＰＲ開始の決定に関連する法文の適用と解釈に密接に関連する疑問を含む場合、ＩＰＲを開始するとする決定を見直すことはできない」と判示した。問題は、三一五条（b）が定めるＩＰＲの請求期限と三一四条（d）が定める控訴不能の関係である。先例によれば、「ＩＰＲ開始の決定に関連する法文の適用と解釈に密接に関連する」事項については三一四条（d）の下で控訴が認められない。この解釈と異なる別の解釈を行う理由は見あたらない。

連邦議会は改正特許法にＩＰＲを導入し、特許性に問題のあるクレームを効率的に排除するためのスキームを確立した。もし三一五条（b）が定める請求期限後に申請されたＩＰＲに対する特許庁の決定に控訴を認めるならば、それは特許庁の判断に裁判所が介入することを許すことになる。それは、結果として、問題のある特許の権利行使を認めることにつながる。ＣＴＣが本件で争っているのはＩＰＲ請求の期限であって、特許クレームの無効決定ではない。連邦議会の意図が、三一五条（ｂ）が定める一年経過後のＩＰＲ請求よりも、問題のある特許の改善を優先することにあったことは明らかである。仮にある請求人のＩＰＲが三一五条（ｂ）により認められなかったとしても、それによりＩＰＲそのものが排除される訳ではない。別の請求人がＩＰＲを請求すれば、特許庁はＩＰＲを開始することができるからだ。

ＣＴＣの主張は、三一四条（ｄ）が控訴不能としているのは請求人の勝訴可能性を認めた場合（三一四条（ａ））だけに限定されるというもの。しかし、その主張は受け入れられない。当法廷は、クオゾ判決で「（三一四条（ｄ）の規定により）三一四条（ａ）以外の規定に適用された場合でも裁判所はそれを見直しすることはできない」と述べている。三一四条（ｄ）の適用範囲は広く、三一四条（ａ）によってその適用範囲が限定されることはない。

ＣＴＣの主張によれば、連邦議会は、司法が三一五条（ｂ）により特許庁の決定に介入できることを想定していたという。その主張も受け入れられない。特許庁には、条文解釈を行う裁量があるからだ。……ＣＴＣは、再審理を認めた先例（「ＳＡＳ対特許庁長官事件」）を引用して自らの主張を正当化しようとした。しかし、この先例は本件に適用することはできない。ＳＡＳ判決ではＩＰＲを開始した後の審査のやり方が争われたのに対し、本件では法定期限後の請求に対する決定が争われているからだ。

●クオゾ判決とオイル・ステート判決の背景

クオゾ判決で争われた「最も広い合理的な解釈」基準は、その名称からある程度その内容が推測できる。権利範囲をできるだけ広く解釈する考え方である。しかし、広いクレームを想定すればするほど、関連する公知例は多くなり、当該クレームが無効とされる可能性が高くなる。つまり、この基準は、見方を変えれば、特許無効を志向するIPR請求の根拠としては、使い勝手のよい基準であるともいえる。

クオゾ社の主張は、IPRが地裁での訴訟と類似する手続きであるから、裁判所が依拠する基準である「当業者にとっての通常の意味」基準に変更すべきだというもの。広いクレーム解釈となりがちな「最も広い合理的な解釈」基準ではなく、限定されたクレーム解釈となる「当業者にとっての意味」基準によってIPR開始の当否を判断すべきだと主張した。しかし、最高裁はその主張を退けた。

連邦最高裁は、近年、質の悪い特許の及ぼす社会的な影響に懸念を表明している。やり玉に挙げられたのがビジネスモデル特許やバイオマーカー特許である。本書第一章で、それらの特許適格を見直した判例を取り上げた。本件はそのような懸念の一環として取り上げられたのであろう。IPRは、米国特許のクレーム解釈の権限を裁判所から特許庁にシフトしたということもできよう。

他方、オイル・ステート判決では、行政庁である特許庁が民事訴訟に類似するIPR手続きを行うことは、司法権への介入であるとの主張が退けられた。最高裁は、連邦議会が発明に対する排他権の付与の権限を特許庁に与えている以上、その見直しを行うことは、司法権への介入には当たらないと判断した。

著作権を除けば、アメリカで知財問題の違憲性が争われることは極めて稀である。しかし、連邦最高裁は二〇一七年、「メイタル対タム事件」で商標法の侮辱的な商標の登録を禁じる商標規定が合衆国憲法第一修正（「言論の自由」）に違反すると判決して一躍、知財制度と憲法との関係が注目された。

ＩＰＲは特許の有効性確認のために実務で広く利用されており、訴訟に代わる特許の有効性確認のための制度として定着している。しかし、最高裁が近年特許高裁の諸判例を見直していることもあって、本件でＩＰＲを違憲と判断するのではないかとの懸念が強まっていた。この判決は、そのような懸念を払拭するものであるが、遡及効やデュープロセスなど積み残しの論点からＩＰＲの違憲問題が最高裁で争われる可能性も完全には排除できない。

ちなみに、ゴーサッチ裁判官の反対意見では、行政機関の司法への介入の懸念が指摘されている。その一部を参考までに引用して本章を閉じる。

> 憲法の特許条項の下で発行された特許については、他の排他権が絡む場合と異なり、伝統的に裁判官が扱ってきた。今回の判決が誤っているという訳ではないが、少なくても合衆国憲法第三編の下での（裁判の）保証からの後退を示すものである。効率性という名の下に裁判所の権原を行政機関に委ねることは、裁判所が自らを規制する行為である。第三編の司法権の行使は、司法の権原を守るためのものではなく、現在そして未来の人民が政府の介入を受けずに権利を享受できるようにするためのものである。裁判官による［特許有効性の］判断を求める権利を［裁判所が］失うことは決して些事ではない。司法が他の機関の介入から自らを守るために「全力を尽くす」（all possible care）べきであるとハミルトンが『Federalist』の中で述べているのは、まさにこのためである。

この理由から、私は法廷意見に反対する。

（1）この報告のタイトルは、"To Promote Innovation: The Proper Balance of Competition and Patent Law and Policy" である。

（2）法改正を求める他の提言は以下のとおり。「特許有効性を争う場合には『証拠の優越』(preponderence of evidence) を基準とする」、「特許自明性判断の基準を明確にする」、「特許商標局（特許庁）に適切な財政基盤を与える」、「特許庁の『二十一世紀戦略計画』の一部を優先的に実施する」、「特許適格の範囲を拡張する前に競争に対する悪影響を考慮する」、「出願後一八カ月ですべての特許出願を公開する」、「侵害抗弁としての先使用権の創設する」、「故意侵害の立証要件を強化する」、「特許法関連の判決を行う際に競争政策への影響を考慮する。」

（3）Cuozzo Speed Tech. v. Lee, 579 U. S. ___ (2016)

（4）SAS Institute Inc. v. USPTO, et al., 547 U. S. ___ (2018)

（5）Oil States Energy v. Greene's Energy Group., 584 U. S. ___ (2018). 本件の判決内容および評釈は、早稲田大学比較法研究所『比較法学』第五十二巻第三号（2019.3.1）、二二五―二三九頁に掲載されている。全文が左記のウエブサイトから閲覧できる。

https://www.waseda.jp/folaw/icl/assets/uploads/2014/05/A04408055-00-041010228.df

（6）Thryv, Inc. v. Click-To-Call Technologies , LP, 590 U. S. ___ (2020)

第五章　侵害責任の範囲と条件（特許侵害）

特許侵害の有無は、製品が特許クレームで記載された権利範囲に含まれるかどうかで判断される。特許クレームの文言から侵害が明らかな場合、その侵害は「文言上の侵害」となる。

しかし、文言上の侵害の有無を判断することは簡単ではない。製品が特許侵害を回避するために構成や構造を改変していることが多く、程度の差こそあれクレームの構成と製品の構成が異なっているからだ。そのような差異がある場合には「文言上の侵害」は適用されない。ただし、その場合でも製品が特許クレームの「均等」の範囲内にあると判断される可能性がある。これは、「均等論による侵害」と呼ばれるものである。

均等論による侵害は、製品が特許クレームの構成と「実質的に同じ結果を得るために、実質的に同じ方法で、実質的に同じ機能を果たす」かどうかを基準にして判断される。(1) 特に、複数の要素を組み合わせた発明が特許クレームとなっている場合、侵害製品では一部の要素が差し替えられていたり、削除されていたりしていることが多い。その場合には、差し替えや削除により均等論の適用が免れるかどうかが問題となる。

クレームの解釈は裁判所が判断する法律問題である

特許クレームの解釈は、法律条文の解釈の場合と同じように、個々のクレームを独立したものと判断して行われる。そのため、クレームが製品を包含するかどうかは、クレーム毎にその判断が異なる。ただし、同じ文言をもつクレームの場合には、そのクレームと関連づけて解釈が行われる。

特許クレームの解釈は法律問題であり、陪審員ではなく裁判所の判事が行う。(2) クレーム中の用語に多様な意味があり、どの意味を選択すべきか迷う場合には、用語の意味は狭い意味に解釈されなければならない。(3)

文言上の解釈は、解釈の幅が狭くなるのに対して、均等論は広く解釈される傾向にある。このように、一見すると矛盾するようにも見える両者の組み合わせが、アメリカでの特許侵害法の大きな特徴となっている。

他人に侵害を奨励すると間接侵害となる

特許発明を使用したり、販売したりする行為は、直接侵害となる。一方、他人に特許を使用するよう働きかけることも侵害となり、これは間接侵害と呼ばれる。直接侵害は、特許の存在を知らなくても発生する。つまり、侵害者の善意・悪意は抗弁理由とはならない。直接侵害に対する損害賠償を受けるためには、特許製品に特許が表示されていなければならない。また、事前に侵害者に対し、侵害の警告を行う必要がある。

間接侵害は、直接侵害が存在しない場合であっても生じる。ただし、それは次の場合に限定される。

つまり、①他人に侵害を促す、②侵害を発生させるような使用法を宣伝し、それにより製造された製品を販売する、③買手に特許発明を生産させ、使用させ、売り込み・販売させるように仕向ける——場合である。

間接侵害の類型の一つが寄与侵害である。寄与侵害は部品の販売に関してのみ発生する。ただし、これが発生するのは、ある部品が汎用品ではなく、特許製品に使用される特注品である場合だけに限定される。また、商品使用により侵害の発生を知らなかったことを立証できれば、寄与侵害の不存在の抗弁となる。その要件は、「特別に製造された」、「汎用的ではない」そして「実質的に非侵害の使用に好適ではない」ことである。[4]

●外国船舶に米国特許は適用されない

特許法は、基本的に法律が制定された国の領土内でだけ有効である。これは属地主義と呼ばれる原則である。この原則により、米国特許法は米国内でのみ有効であり、たとえ特許製品が外国で使用・販売されたとしても、米国特許の侵害にはならない。

この原則は、通商・外交上の理由で導入された。初めて認められたのが「ブラウン事件」での連邦最高裁判決（一八五七年）である。帆船用の改良型ガフ（縦帆）に関する特許を所有していた原告は、フランスで建造された被告の大型帆船のガフが原告特許に侵害するとしてマサチューセッツ州裁判所に特許侵害訴訟を起こした。

被告は、商用でボストン港に一時寄港していたが、この寄港は当局の許可を得た合法的な寄港であり、帆船にはフランス国旗が掲揚されていた。裁判で被告は、ガフ（縦帆）が帆船の建造時にフランスで搭載されたものであり、米国特許の侵害にはならないと主張した。地裁は特許侵害をみとめず、原告の訴えを棄却した。原告は地裁判決を不服として連邦巡回裁判所に上訴。当時、巡回裁判所の審理は、連邦最高裁裁判官が担当した。

巡回裁判所は地裁の判決を支持し、以下のように判決理由を述べた。(5)

我々は、我々の憲法や判例を参照して特許法を解釈しなければならない。我々の意見では、特許権者に与えられた財産権や排他的使用権は、我が国の港に寄港する船舶には適用されない。また、かかる船舶の構造、艤装、装置の改良物も、それが外国の港で装着され、船籍国でそれが合法的に認められている限り、アメリカ人の特許権を侵害することはない。

このブラウン判決で示された原則は基本的に百年後の「ディープサウス事件」（後出）での連邦最高裁判決（一九七二年）でも維持された。

修理のための部品であっても寄与侵害となる

「積極的な侵害の誘導とは何か」という問題が争われたのが「アロ・マニュファクチャリング事件」での連邦最高裁判決（一九六一年）である。

この事件の当事者であるコンバーチブル・トップ・リプレースメント（CTR社）は、開閉式の自動車用屋根に関する特許を所有していた。ジェネラル・モーターズ（GM）はこの特許のライセンスを得ていた。フォードは当初、CTR特許のライセンスを得ていなかったが、後に和解契約を結び、特許権の不行使の約束をCTR社から得た。ただし、交換用の布製屋根部材については和解契約の対象から除外されていた。

アロ・マニュファクチャリングは、自動車用の開閉式屋根の交換用布製部材を製造し、GMやフォードに納入した。このためCTR社は、アロ社とその納入先を特許侵害で訴えた。地裁はフォードによるCTR特許の直接侵害を認め、その結果、アロ社の寄与侵害を認めた。第一巡回区控訴裁（メーン州、ニューハンプシャー州、マサチューセッツ州、ロードアイランド州を管轄）も地裁判決を支持した。しかし連邦最高裁は、侵害とされた交換用の布製部材は「修理」のための使用であり直接侵害にはならないとし、直接侵害が存在しない以上、寄与侵害も生じないと判決した。連邦最高裁は、控訴裁の判決を破棄し、事件を差し戻した[6]。

この事件は地裁に差し戻され、地裁はCTR社の侵害請求を棄却した。CTR社は、争点をフォードによる直接侵害にしぼり控訴した。控訴裁は、フォード車用交換部材についてはライセンスを受けていないのでCTR特許を侵害するとし、たとえ「修理」のための部材であっても、それを供給する行為は寄与侵害になると判決して地裁の棄却判決を破棄した。

●分解した特許製品の国外での再組み立ては特許侵害にならない

特許侵害を回避するため、特許製品を分解して米国外に持ち出し、組み立て直した製品を米国内に持ち込むことが国内の特許侵害となるかどうかが争われたのが「ディープサウス事件」の連邦最高裁判決（一九七二年）である。この事件では、特許で保護されていたエビの皮むき機を分解し、分解した部品をメキシコに送り、そこで組み立て直す行為が米国特許の侵害となるかどうかが争われた。

被告は、外国で分解した部品が組み立てられ、組立品が販売されている以上、米国特許の侵害は発生しないと主張した。地裁は、控訴裁判所の判例を根拠に、外国での行為に対する米国特許の適用を認めなかった。しかし、第五巡回区控訴裁判所は地裁判決を破棄し、事件は連邦最高裁判所に上告された。

連邦最高裁は一九七二年、特許製品を分解して部品を国外に送り、国外でそれを組み立てる行為は、米国特許の侵害にはならないと判決した。(7) 最高裁の法廷意見は判決理由を以下のように述べた。

我々は、あいまいな特許法の文言の解釈に関するこれまでの判例を変更して、特許権［の範囲を］を拡大すべきではない……ここで問題なのは、外国市場での特許保有者と競合するアメリカ企業の争いであることである。我々の特許制度は域外適用の効果をもたらす請求を認めておらず、「議会は合衆国を超えて運用することを意図したことはなく、今も意図していない」（ブラウン判決）。従って、国内の市場を超える権利の請求については拒絶する。

発明者が我が国以外の市場での保護が必要であれば、自分の商品が使用される国の特許で保護すればよい。被申立人は外国特許を保有しているが、何故それらを利用しないのか適切な説明がない。

●直接侵害がない場合、方法特許の侵害は生じない

しかし、二〇世紀後半になると、国際競争力が低下した米国産業界は、特許に代表される知的財産権による保護強化を求めるようになる。ディープサウス判決後、産業界の特許法改正を求めるロビー活動が活発化し、一九八七年に特許法が改正され、二七一条（f）の規定が新たに導入された(8)。この規定は、外国での侵害を幇助する行為があった場合、米国特許の侵害を認めるという例外規定である。

この規定により、特許部品を国外に供給し、そこで組み立てる場合にも米国特許が適用される域外適用の余地が生まれた。

直接侵害が発生していない場合に、方法特許の一部の工程を実施する行為が二七一条（b）における誘導侵害となるかどうかが争われたのが「ライムライト対アカマイ事件」である。

アカマイは、コンテンツ配信ネットワーク（CDN）の事業者である。マサチューセッツ工科大学がもつ、インターネット上でウェブコンテンツの電子データを効率的に配信する方法特許（CDN特許）の排他的ライセンシーである。CDN特許には、コンテンツプロバイダがタグ付けする（tagging）工程が含まれており、アカマイは、同業者のライムライトが顧客のプロバイダにタグ付けを教唆したとして、連邦地裁に侵害訴訟を提起した。

地裁は、特許高裁の判例（Muniauction, Inc. v. Thomson Corp., 532 F.3d 1318 (Fed.Cir., 2008)）に従い、直接侵害がない以上間接侵害は生じないとして、アカマイの侵害請求を退けた。アカマイは特許高裁に控訴。特許高裁（パネル）は地裁判決を支持したが、判事全員が参加する大法廷が再審理を行い、パネル

アリート裁判官

の判決を退け、ライムライトの侵害を判決した。特許侵害が誘導された場合には、全工程を実施した当事者が一人もいないからと言って誘導侵害を見逃すことはできないという理由からであった。ライムライトは連邦最高裁判所に上告した。

最高裁は、二七一条（a）下での直接侵害がない場合、二七一条（b）における誘導侵害の責任は生じないとして特許高裁の判決を破棄し、事件を特許高裁に差し戻した。アリート裁判官（写真）は、全員一致の法廷意見の中でその理由を以下のように説明している。(9)

> 侵害誘導に対する責任は直接侵害を基礎とする（アロ・マニュファクチャリング事件）。特許高裁のMuniauction判決の解釈が正しいとしても、［特許を構成する］全ステップを使用した人がいない以上、被上告人に侵害責任はない。直接侵害がない以上、二七一条（b）に基づく誘導侵害は生じないからだ。特許高裁の判断はそれとは対極にあり、［判例として］永続性のあるものではなく、二つの異なる侵害法の体系をもたらすものである。
>
> 本件で争われている問題は二七一条（b）の解釈の問題である。二七一条（a）に基づく直接侵害を行っていないことを前提とする。そのため、特許高裁のMuniauction判決が正しいかどうかについては、当裁判所では判断しない。特許高裁の判決を破棄して差し戻す。

●誘導された行為であっても侵害が発生する

自発的な使用ではなくても特許侵害が発生することを明らかにしたのが「グローバルテック・アプラインシズ対セブ社事件」での連邦最高裁判決（二〇一一年）である。[10]

この事件の原告セブ社は、外側表面をプラスチック製の断熱ハウジングで覆った家庭用の深底型フライ鍋を開発した。フライ鍋とハウジングの間には空間があり、それによってフライ鍋の熱がハウジングに直接伝わることが遮断される構造となっていた。米国で特許を取得し、製品をＴ－Ｆａｌブランドで販売した。Ｔ－Ｆａｌブランドはアメリカ国内でヒット商品となった。

一九九七年、セブ社の競合会社であるサンビーム・プロダクツ社は、香港のペンタルファ社（グローバル・テック社の子会社）に特定仕様の深底型フライ鍋の製造を打診した。ペンタルファ社は製品開発のため、セブ社製のフライ鍋を購入し、ラベルなどを除きすべてのデザインを模倣した。購入したフライ鍋は海外販売用であり特許表示（マーキング）はなかった。

ペンタルファ社は開発した製品について、弁護士に特許侵害調査を依頼した。その際、Ｔ－Ｆａｌのデザインを模倣したことを伝えなかった。依頼を受けた弁護士は侵害リスクのある特許は見つからなかったとする調査報告書を提出した。

ペンタルファ社はこの報告を受けてフライ鍋の製造を開始し、それをサンビーム社に納品した。サンビーム社は独自の商標をつけて米国内で販売した。仕入れコストが安かったため、セブ社製フライ鍋より安い価格で販売された。

セブ社は一九九八年三月、サンビーム社を特許侵害で訴えた。サンビーム社はペンタルファ社に侵害訴訟について通知したが、ペンタルファ社は通知後も米国の販売会社二社に対する深底フライ鍋の販売を継続した。

セブ社は、サンビーム社と和解する一方、ペンタルファ社を直接侵害と寄与侵害で米国地裁に訴えた。ペンタルファ社は侵害事実を知らなかったと主張したが、地裁は同社の故意侵害を認定し、特許高裁も地裁の認定を支持した。ペンタルファ社は二七一条（b）の下で積極的な誘発が認められるためには証拠不十分だと主張し、連邦最高裁に上告した。

最高裁は、ペンタルファ社の主張を退け、下級審の判決を支持した。アリート裁判官は、法廷意見の中で以下のように判決理由を説明している。

本件では証拠から、ペンタルファ社に故意の注意義務違反があったことは明らかである。故意の注意義務違反は刑法で確立した原則で、多くの法律が、被告人の行為が故意であったことの立証を求めている。裁判所はこの原則を適用して被告人が自らの行為が決定的事実の証拠が及ばないようにしても逃れられないように判決している。

この原則は、自分が知らなかったように振る舞う人は、それを知っていた人と同じように責めを負うべきであるという考え方に立っている。優れた商品はだれにでも受け入れられるため、一時期、セブ社のフライ鍋の販売は伸びた。ペンタルファ社はサンビーム社向けの製品を開発している時にこの事実を知っていた。市場調査や情報収集をできるだけ行ったと同社の社長は証言しているが、セブ社のフライ鍋が米国市場で価値をもつ先端技術であると考えていたことは、装飾デザインを除きすべてを模倣することを決めたことからも明らかである。同社は、開発中の製品が米国市場向けであることを知っており、同社の社長は自ら特許発明を行っていることもあり、海外向けの製品には特許表示を行わないことも知っていた。決定的なのは、社長が、侵害調査を依頼した弁護士に対して対象製品がセブ社のフライ鍋の模倣であることを伝えなかったことである。

これらを考慮すると、ペンタルファ社がセブ社のフライ鍋が特許の保護を受けていることを知っていた可能性は高い、その事実を知らないふりをした、そしてサンビームが製品を販売すれば侵害が起ることを意識的に知らないふりをした――ことを陪審が認定するための証拠は十分であった。よって、特許権の行使を認める判決を支持する。

●間接侵害の新しい要件

間接侵害をめぐる新たな要件がその後の「ライフテクノロジーズ対プロメガ事件」で、連邦最高裁から示された[11]。この事件で、プロメガ社は、遺伝子検査用キットに関する再発行特許一件（二〇一五年に権利満了）の独占的ライセンシーであり、ライフテクノロジーズ（以下、ライフテック）に同特許に基づくサブライセンスを許諾した。このサブライセンスの下で、ライフテック及びその子会社は、世界の許諾地域で検査キットを製造・販売した。

ライセンス許諾された検査キットは、五つの主要な構成要素から構成されていた。そのうちの四つについては英国で製造され、残りの一つ（Taq ポリメラーゼ）は、米国で製造されたものを英国に輸入した。ライフテックは、イギリスでそれらを合成して検査キットを製造した。

プロメガ社はライセンス契約から四年後に、許諾地以外でキットを販売した容疑でライフテックを訴えた。裁判では、特許法二七一条により特許発明を構成する実質的な一部分または全部を海外に供給することは禁止されていると主張した。

地裁の陪審員は、プロメガ社の主張を認めたが、ライフテックは、この問題は法律問題であり陪審員ではなく判事が判断すべきであると申し立てた。地裁判事はその申し立てを認め、単一の構成要素を供給したとしても、それは多くの構成要素から成る製品の「実質的な一部分」にはならないと判決した。

この判決を不服として、プロメガ社が特許高裁に控訴。特許高裁は、「実質的な」という用語が辞書では「重要な」「必須の」と定義されており、単一の物質であっても同条で規定する「実質的な一部分」を構成しうると解釈し、本件の Taq ポリメラーゼは実質的な一部分に当たるとして、地裁判決を破棄した。ライフテックは連邦最高裁判所に上告した。

ソトメイヨール裁判官

最高裁は特許高裁の判決を破棄して事件を差し戻した。ソトメイヨール裁判官（写真）は法廷意見の中で判決理由を以下のように述べている。

多数の構成要素から成る発明の単一の構成要素を、海外での製造を目的として供給したとしても、特許法二七一条（f）（1）の下での侵害責任は生じない。同条の「実質的な一部分」という用語は、量的な意味合いで使用されているのであって、質的な意味ではない。特許法では「実質的な」という用語を定義していないが、文脈からすればそれは量的な意味である。「全部」や「一部分」という修飾語も量的な意味でとらえるべきであって、質的な意味をもつものではない。もしそれを質的な意味をもつと解釈するならば、二七一条（f）（1）の「構成要素の（of the components）」という用語をなぜ規定に入れる必要性があったかという疑問が起こる。したがって、関連規定は、量的な意味をもつと解釈すべきである。

規定を量的な意味と解釈すれば、単一の構成要素は、「実質的な一部分」とはならず、二七一条（f）（1）の違反も発生しない。この解釈は、条文とその構成からも裏付けられる。同規定は、常に複数の構成要素を意図している。もしそれを、単一の構成要素も対象にすると解釈するならば、同条2項（二七一条（f）（2））に「いかなる構成要素（any component）」という用語を置く意味がなく、「特に発明に使用するまたは特に発明に適合させるための」構成要素という規定の意義も失われる。

●外国での逸失利益は損害賠償を受けることができる

外国での組み立てのための部品供給により生じた外国での逸失利益は損害賠償を受けることができるかどうかの問題が争われたのが、「ウェスターンジーコ事件」である。この事件でウェスターンジーコ（WG社）は、大陸棚の油田探査システムに関する特許四件を保有していた。このシステムは、高品質な海底探査データを得るための側方移動技術を使用するもので、この技術を利用してWG社は海底の原油埋蔵量調査を行うパイオニア的企業として長年市場を独占していた。

二〇〇七年にイオン・ジオグラフィカル（以下、イオン社）はWG社のシステムと類似する探査システムサービスを開始した。イオン社のシステムは、WG社製の特許製品の構成要素を国外に持ち出し、外国で組み立てて完成したものであった。

WG社は、特許法二七一条（f）（1）（＝米国外での発明の組み立てを積極的に誘発することに対する責任規定）及び同条（f）（2）（＝そのような組み立てが米国外で行われることを知っていながら供給することに対する責任規定）の違反を理由に、イオン社を特許侵害で訴えた。

地裁は陪審裁判で特許侵害を認め、一億五九〇〇万ドルの損害賠償額（逸失利益が九三四〇万ドル、実施料が一二五〇万ドル）を決定した。イオン社は判決後に、国外の逸失利益を算定するのは誤りであるとして陪審決定の破棄を求める申立てを行った。地裁判事はその申立てを認めなかったため、イオン社は特許高裁に上訴。特許高裁は、自らの判例（＝国外で発生した損害に逸失利益を適用しない）に基づき地裁判決を破棄した。WG社は連邦最高裁判所に上告した。

連邦最高裁は特許高裁の判決を破棄し、最高裁の「ハロ・エレクトロニクス事件」の最高裁判決（二〇一六年）を考慮して審理をやり直すよう事案を特許高裁に差し戻した。

差戻審の結果、特許高裁は当初の結論（＝特許法二七一条（f）（2）のもとでの国外の逸失利益は認められない）を改めて維持する判決を下した。WG社は再度、連邦最高裁に上告し、最高裁は特許高裁の判決を改めて退けた。[12]

トーマス裁判官はその理由を法廷意見の中で以下のように述べている。

本件では、第二のステップである国内法の適用可能性についての確認を行う。本来は第一のステップ（反証の有無）から始めるのが望ましいのだが、本件ではそれが「証拠がないため」困難であり、しかも確認の結果が必ずしも問題解決に直結しないからだ。

制定法上の焦点を特定するには、当該規定の解釈だけでは不十分なので、他の関連規定をも参酌する必要がある。結論から言えば、本件の行為は「国内的」である。特許法二八四条は、特許侵害に対する損害賠償による救済の一般規定であるが、その焦点は特許侵害であり、特許侵害に対する補償を行うための規定である。しかし、これですべての問題が解決する訳ではない。特許法二七一条が多様な類型の特許侵害を定めており、どの類型の侵害かを特定しなければならないからだ。

特許法二七一条（f）（2）は、特許製品の構成要素を外国で組み立てることを知りながら国外に供給することが特許侵害になると規定する。この規定の焦点は合衆国内からの「供給」という国内での行為である。つまり、二七一条（f）（2）の下での特許侵害に対する二八四条の焦点は、特許製品の構成要素を合衆国から国外に供給する行為である。本件の場合、被申立人が構成要素を国外に供給した行為がそれに当たる。それにより生じた外国での逸失利益は、二八四条の適用により救済できる。(13)

●ソフトウエアがCD-ROMにコピーされるまでは発明の構成要素ではない

ソフトウエアが特許法第二七一条（f）の規定する発明品の「構成要素」にあたらないとして同条に基づくソフトウエア特許の域外適用を制限する判断を示したのが「マイクロソフト対AT&T事件」である連邦最高裁判決（二〇〇七年）である。

この事件は、音声符号化圧縮装置に関する米国特許をもつAT&Tが、マイクロソフト社のウィンドウズOSによる特許侵害訴訟をニューヨーク州の連邦地裁に提起したもの。マイクロソフト社が特許侵害を認めたため、ウィンドウズ搭載PCの米国内での販売については和解が成立した。しかし、ウィンドウズOSのマスターディスクを海外のPCメーカーに送り、海外のPCメーカーがマスターディスクからOSコピーを複製して現地製PCに搭載して販売する行為については合意が得られず、裁判が継続した。

地裁は、マスターディスクに保存されたウィンドウズOSのコピーを外国製PCに搭載することはAT&T特許に侵害するとし、二七一条（f）を適用してマイクロソフトの侵害責任を認定した。マイクロソフト社はこの判決を不服として特許高裁に控訴した。

特許高裁は地裁の判決を支持し、その判決の中でソフトウエアは無体物であっても特許適格が認められている以上、それは特許製品の「構成部分」にあたると判示した。さらに、外国でコピーされることを知りながらマスターディスクを提供することは、ソフトウエアのコピーを個別に提供することと同等であると判示した。

マイクロソフトはこの判決を不服として連邦最高裁に上告した。最高裁は特許高裁の判決を破棄した。

ギンズバーグ裁判官は法廷意見の中で判決理由を以下のように述べている。(14)

この事件が提起する論点は、①ソフトウエアが二七一条（f）の規定する「構成要素」にあたるのはどのような場合か、②外国製PCの構成要素は、マイクロソフトによって米国から「供給された」ものか——の二点である。第一の構成要素か否かについて、両当事者はソフトウエアが構成要素として適格であることを否定していない。問題は何時の段階で構成要素となるか——そのタイミングである。AT&Tは、ソフトウエアの形態にかかわらず（つまり有体か無体かにかかわらず）、いつでも発明品の構成要素になると主張し、マイクロソフトは無体の（抽象的な）ソフトウエアは構成要素になりえないと主張する。

当法廷は二七一条（f）の「組み合わせ」要件を重視する。PCがソフトウエアを読み取り可能なCD-ROM等に記録しない限り、「組み合わせ」の要件は充足されたとは言えない。ソフトウエア単独ではCD-ROMドライブに挿入できず、インターネットからダウンロードすることもできない。また、PCに搭載することもプログラムの実行もできない。これらの理由から、無体のソフトウエアは物理的な実体のないアイデアであって、それだけでは組み合わせが可能な構成要素とはならない。

最高裁は第二の論点である「米国からの供給」の有無について、①マイクロソフトは問題となっている外国製ＰＣに搭載されたウィンドウズの個々のＯＳコピーを輸出していない、②したがって、ＰＣの「構成要素」を「米国から供給」はしていない、ことを明らかにした。

このように、最高裁は、マイクロソフトが米国から供給されたウィンドウズＯＳのマスターディスクに基づき、外国のＰＣメーカーがそのコピーを外国製ＰＣに搭載したとしても、それに対してマイクロソフトが二七一条（ｆ）により侵害責任を問われることはないことを明らかにした。

●弁護士費用の負担は「アメリカン・ルール」に基づく

特許出願人が特許庁の決定に不服がある場合、特許高裁に控訴することができる。また、バージニア州連邦地裁に民事訴訟をおこすこともできる。後者の場合、地裁判決に不服の場合、特許高裁に控訴できる。訴訟費用は、原則として当事者それぞれが負担する。これは「アメリカン・ルール」と呼ばれる訴訟手続上の伝統である。この問題が連邦最高裁で争われたのが「ナントクェスト事件」である。

ナントクェスト事件では、がん治療法に関する発明についての特許出願が公知例から自明であるとして特許庁により拒絶された。ナントクェストは、バージニア州連邦地裁に民事訴訟を提起して、特許庁の拒絶の見直しを求めた。特許庁は、審査手続きと審判手続きの中で証拠の審理は尽くされているとして、地裁ではヒアリングを行わずに判決するよう求めた。

ナントクェストはこれに反対したが、地裁は略式判決で特許庁の審決（＝発明は自明である）を支持した。ナントクェストは特許高裁に控訴したが、特許高裁は地裁の判決を支持した。

勝訴判決を受けた特許庁は、バージニア州連邦地裁に対し、特許庁の訴訟担当職員（二名の弁護士と一名のパラリーガル）の人件費約八万ドル弱を含め、一四五条に基づく訴訟費用の支払いを求めた。地裁は、「アメリカン・ルール」（＝裁判の当事者はそれぞれの弁護士費用について責任を負う）が推定されるとし、特許庁の申立てを退けた。特許法一四五条が定める経費は、訴訟準備のための費用、例えば、印刷費用、出張費、専門家証人に対する謝金などであり、弁護士費用は含まれないと判決した。

特許庁はこの判決を不服として特許高裁に控訴し、特許高裁（パネル）は、特許庁の主張（＝出願人が相手方当事者の弁護士費用を負担する）を認めた。しかし、特許高裁は、裁判官全員が参加した大法廷判決でこの事件を再審理し、パネル判決を覆し、アメリカン・ルールの推定を優先させた地裁判決を支持する判決をくだした。特許庁は連邦最高裁に上告した。

最高裁は、アメリカン・ルール上、特許庁は出願人から弁護士費用の救済を受けることができないと判決した。ソトメイヨール裁判官は判決理由を以下のように述べている。

法律や契約に別段の定めがない限り、訴訟当事者は勝訴・敗訴にかかわりなく、自らの弁護士費用については自らが負担するのが原則である。これは「アメリカン・ルール」と呼ばれる基本原則である。特許庁は本件で、特許法一四五条の規定を理由にアメリカン・ルールは適用されないと主張する。しかし、その主張は誤りである。特許庁の訴訟費用（legal fees）を出願人に転嫁できるかどうかはアメリカン・ルールに基づいて判断しなければならない。

特許法一四五条の規定は必ずしも明瞭ではない。弁護士費用を出願人に負担させることはアメリカン・ルールが禁じる弁護士費用の転嫁である。不明瞭な一四五条の規定によってアメリカン・ルールの原則を排除することはできない。たしかに、同条の「費用」が「弁護士費用（attorney's fee）」を含むと読むこともできよう。しかし、その解釈は定義で裏付けされていない。むしろ、条文の文脈からは、弁護士費用を含めないと読むべきであろう。

同条の訴訟費用（expenses of the proceeding）の語源はラテン語の expensæ litis である。このラテン語は「裁判で回収できる一般的な費用」という意味で使用されてきており、それには弁護士費用は含まれない。これらのことを勘案すると、「費用」には弁護士費用は含まれないとするこれまでの解釈に根拠があり、支持できる。この解釈は、「すべて」（all）という修飾語が付いたからと言って変わるものではない。「すべて」の修飾語で対象は広がるものの、基本原則であるアメリカン・ルールの推定を覆すものではない。他の法律に、費用と弁護士費用が直列的に記載されていることも両者が別個のものであって包含関係にないと連邦議会が認識していたことを示す。費用と弁護士費用が条文に含まれる場合、その趣旨が条文に明示されているからだ。

連邦議会が特許法を制定したとき、アメリカン・ルールの推定の除外を意図していたかどうかは不明である。結論から言えば、連邦議会には、特許法一四五条で規定する費用に弁護士費用を含める意図はなかった。特許法二八五条（弁護士費用）は、「裁判所は、例外的な事件においては、勝訴当事者に支払われる合理的な弁護士費用を裁定することができる」と定め、そこには「例外的な事件」との条件が盛り込まれている。このことからも、連邦議会が一四五条の費用に弁護士費用を含める意図をもっていなかったことは明らかである。

特許無効の確信は抗弁理由にならない

特許が無効であると確信していることが侵害訴訟で抗弁理由となるかどうかが争われた事例が「コミールUSA事件」で、最終的に連邦最高裁の判断を仰いだ。

この事件で争われたのは、コミールUSA社がもつ短距離無線ネットワークに関する方法特許。特許権者のコミールUSA社は、無線ネットワーク用機器を製造・販売しているシスコ・システムズ社を特許侵害で連邦地裁に訴えた。裁判ではシスコによる直接侵害と他社を侵害に導いたとする間接侵害（誘導侵害）が争われた。誘導侵害についてシスコは、コミール特許が無効であると確信していたとの抗弁を主張したが、地裁はその抗弁を認めなかった。

特許高裁は、シスコ社の抗弁（善意の確信）を証拠として採用しなかったのは誤りであったとして、一部争点を除き、地裁の判決を破棄・差し戻した。この判決を不服として原告のコミールUSA社は連邦最高裁判所に上告した。

連邦最高裁は、特許有効性についての確信は間接侵害に対する抗弁理由とはならないとして特許高裁の判決を破棄し、差し戻した。[16] 法廷意見の中でケネディ裁判官は判決理由を以下のようにのべた。

本件は、特許法二七一条（b）の誘導侵害の責任に関するものである。同条が適用されるのは、被告が特許の存在を知っており、かつ誘導行為が特許侵害になることを知っていたときである（セブ判決）。

当法廷はセブ判決で、「誘導侵害は、誘導行為が侵害となるということを認知していることが必要である」と述べた。これは、幇助侵害を扱ったアロ判決を根拠にしたものである。コミール社の請求や政府の意見での立場とは反対に、当法廷がセブ判決で侵害責任の認定を支持したのは、特許の存在についての知識ばかりでなく、顧客に特許侵害を促すことを知っていたことを物語っている。そのように考えると、たとえ自分の行為が特許を侵害するとは思わなくても、他人や会社が誘導侵害や寄与侵害の責任を負うことになる。セブ判決は、被告がその行為が侵害になることを知っていたことの立証まで求めている。

誘導侵害と特許の有効性は別の問題であり、異なる抗弁理由となるので、有効性についての確信は二七一条（b）の要件である「積極的に誘導された侵害」、つまり「望ましい結果をもたらす」意図を否定できない。侵害が争点の場合、特許の有効性は対立する問題ではない。また、明白かつ説得力のある証拠という高いレベルの立証基準を回避することを許すことになるので、それは有効性の推定（二八二条）に反することになろう。

誘導侵害に対して特許無効の確信を抗弁とすることを認めないのは実務的な理由からである。特許無効を確信する被疑侵害者には、それを決定的なものにするための手段がある。例えば、特許庁による再審査である。勿論、そのような抗弁を行えば、訴訟負担をさらに大きくするというマイナスの結果がもたらされることになるが……。

●根底にある域外適用への躊躇

ソフトウエアなど電子媒体に記憶された情報のコピーは容易である。そのために違法コピーを防止するための保護強化が一般的な傾向であった。「マイクロソフト事件」での最高裁判決は、そのような流れに逆行すると受け止められる可能性がある。その可能性については、最高裁も意識しているようで、もし今回の判決が違法コピーにとって「法の抜け穴」となるのであれば、それは議会が実態に即して特許法の改正を行えばよい、と指摘している。なぜ最高裁がそのようなコメントをあえて判決文に入れたのであろうか。

その理由の一つは、最高裁にはいわゆる「域外適用」（二七一条）を認めることに何らかの躊躇があったためであろう。判決文で「AT＆Tが海外でのコピーを防止したいのであれば、外国で特許を取得してそれを行使すればよい」と指摘しており、それは域外適用に安易に依存することへの戒めとも読み取れなくもない。

マイクロソフトと外国製パソコンメーカーとの関係は判決文では明示されていないが、ライセンス契約の存在は容易に推測できる。当然、海外のライセンシーに対して免責規定が含まれているであろう。とすれば、仮に今回の判決と異なる逆の判決が出たとしても海外ライセンシーにとっては実質的な影響は少ないのかも知れない。しかしそうなると、侵害リスクを考慮してライセンス料を引き上げるなど、ビジネスへの影響が大きくなることも予想される。

そもそも二七一条（f）の規定は、一九七二年の「ディープサウス事件」最高裁判決（＝特許品の部品を分解して外国に送り、そこで組み立てる行為に米国特許が及ばない）を受けて、業界の強いロビー活動もあって議会が特許法に域外適用という属地主義の例外を認めたものであった。域外適用の沿革を考えると、マイクロソフト事件での最高裁判決は属地主義の問題の原点に立ち返ることを連邦最高裁が求めたものと読み取ることもできよう。

（1）Warner-Jenkinson Co. v. Hilton Davis Chemical Co., 520 U.S. 17 (1997)
（2）Markman v. Westview Instruments, Inc., 517 U.S. 370 (1996)
（3）Atheletic Alternatives, Inc. v. Prince Mfg. Inc., 73 F.3d 15573 (Fed. Cir. 1996)
（4）特許法二七一条（c）
（5）Brown v. Duchesne, 60 U.S. 183 (1857). 当時の合衆国連邦裁判所は二審制で、上訴審は連邦最高裁の裁判官が巡回して審理にあたる巡回裁判所が担当した。しかし、巡回裁判は連邦最高裁裁判官の負担が大きいこともあり、一八六一年に司法制度が三審制に改正された。この改正で、控訴審として新たに巡回控訴裁判所が設置された。
（6）Aro Manufacturing Co. v. Convertible Top Replacement Co., 365 U.S. 336 (1961)
（7）Deepsouth Packing Co. v. Laitram Corp., 406 U.S. 518 (1972)

（8）特許法の第二七一条（f）は次のように定めている。

(1) 特許発明の構成要素の全てまたは要部を、米国内もしくは米国外へ許可なく供給し、または供給せしめた者は、そのような構成要素が、全体もしくは部分的に組み立てられていないが、米国内で組み立てられるような状態にあり、もし米国内で組み立てれば特許権を侵害するものであるとき、侵害の責任を負うものとする。ただし、積極的に組み立てを示唆している場合に限る。

(2) 何人も権限を有することなく、特許発明の構成要素であって、その発明に関して使用するために特に作成され又は特に改造されたものであり、かつ、一般的市販品又は基本的には侵害しない使用に適した取引商品でないものを、当該構成要素がその全部又は一部において組み立てられていない状態において、当該構成要素がそのように作成され又は改造されていることを知りながら、かつ、当該構成要素をその組立が合衆国内において行われたときは特許侵害となるような方法により合衆国外で組み立てられることを意図して合衆国において又は合衆国から供給した又は供給させたときは、当該人は侵害者としての責めを負わなければならない。

（9）Limelight Networks, Inc. v. Akamai Technologies, Inc., 572 U. S. 915 (2014)

（10）Global- Tech Appliances v. SEB S. A., 563 U. S. 754 (2011)

（11）Life Technologies Corp. et al v. Promega Corp. 580 U. S. 2381 (2017)

（12）WesternGeco LLC v. Ion Geophysical Corp., 580 U.S. ___ (2018)

（13）特許法第二八四条（損害賠償）は以下のように定める。「原告に有利な評決が下されたときは、裁判所は、原告に対し、侵害を補償するのに十分な損害賠償を裁定するものとするが、当該賠償は如何なる場合も、侵害者が行った発明の使用に対する合理的ロイヤルティに裁判所が定める利息及び費用を加えたもの以下であってはならない。損害賠償額について陪審による評決が行われなかった場合は、裁判所がそれを査定しなければならない。何れの場合も、裁判所は、損害賠償額を評決又は査定された額の三倍まで増額することができる。本段落に基づいて増額された損害賠償は、第一五四条（d）に基づく仮の権利には適用されない。裁判所は、該当する状況下での損害賠償額又は適正なロイヤルティを決定するための補助として鑑定人の証言を聴取することができる。」

（14）Microsofot Corp. v. AT&T, 550 U. S. 437 (2007)
（15）Laura Peter v. NantKwet, Inc. 589 U.S. ___ (2019)
（16）Commil USA v. Cisco System, Inc., 575 U. S. ____ (2015)

第六章　特許侵害からの救済（損害賠償）

特許侵害が発生した場合、その救済は、差止命令（二八三条）、損害賠償（二八四条）及び例外的な事件での弁護士料の裁定（二八五条）を根拠に行われる。それらの内容は次のようになる。

〈差止救済〉

特許侵害に対する差止救済には衡平法（エクイティ）が適用される。差止救済のための裁判所の命令には、仮差止命令と永久差止命令があるが、侵害が立証されれば永久差止めは自動的に認められる傾向があった。しかし、「イーベイ事件」および「Half.com事件」での連邦最高裁判決により、この考え方は大きく変更された。

つまり、差止救済はエクイティに基づく救済であるため、エクイティ上の四つの条件を考慮しなければならない。具体的には、①侵害の被害が回復不能である、②被害の救済のためには損害賠償だけでは不十分である、③原告と被告のどちらがより困難な立場にあるかを考慮する、④公共の利益が損なわれない——である。イーベイ判決については次節で検討する。

永久差止めに比べると仮差止命令のハードルは高い。いくつかの理由がある。その一つは、裁判所に仮差止めに対する心理的な抵抗感があること。つまり、特許庁での審査を経た上で特許が認められたとはいえ、審査官の判断が完璧であることの保証はないので、そのような特許に基づいて仮差止命令を発令することに対する躊躇である。

〈損害賠償〉

特許法の規定によれば、損害賠償は、侵害者に特許発明の使用に対する合理的実施料に裁判所が定める利息及び費用を加えたものとなる。判決が出されるまでの損害賠償に対する金利は、通常、認められる。実施料が設定されているときは、その中の最低額にしても問題はない。しかし、実施料率は、侵害やその他の要因によって下げられることもある。立証された実施料率よりもはるかに大きな損害を原告が受けたことが証明された場合、裁判所は三倍まで加重の賠償を認めることができる。

〈弁護士費用の弁済〉

訴訟当事者は、それぞれの弁護士料を負担しなければならない。これは「アメリカン・ルール」と呼ばれる伝統的なルールである。(1) しかし、特許法では「例外的な事件」の場合には、勝訴当事者が弁護士料の救済をうけることを認めている。例外的な事件には、故意の侵害も含まれる。また、特許取得時に原告が詐欺的行為（フロード）を行った場合や、特許の有効性や侵害の確信がないにも拘わらず裁判を起こした場合なども例外的な事件とされうる。

●差止救済を自動的に認めるのは誤りである

特許高裁はこれまで、特許侵害が認定されると、ほぼ自動的に侵害の差止命令を認めていた。差止救済を自動的に認めることの根拠法について争われたのが「イーベイ事件」である。連邦最高裁は二〇〇六年、これまで侵害が立証されると自動的に認めていた差止救済を見直し、伝統的なエクイティの原則に基づいて判定することを命じた。

この事件の当事者であるイーベイとその子会社は、オークションサイトを使ったネット販売を運営していた。メルク・エクスチェンジ（以下、「ＭＥ」という）は、多数の特許を所有し、その一つが電子取引市場に関するビジネス方法の特許であった。

ＭＥはイーベイに対し、ビジネス方法特許のライセンスを受けることを打診したが、条件が折り合わずライセンス契約には至らなかった。そのためＭＥは、イーベイを特許侵害の容疑で連邦地裁に提訴。地裁は、ＭＥのビジネス方法特許の有効性を認め、イーベイによる特許侵害を認定し、損害賠償を認めた。

損害賠償による救済が認定されたため、ＭＥは永久差止めによる救済を請求した。しかし、地裁判事は差止請求を退けたため、ＭＥは地裁の判決を不服として特許高裁に控訴。特許高裁は、地裁の事実認定に誤りがあったとして、地裁の判決を破棄した。この特許高裁判決を不服としてイーベイが連邦最高裁に上告したのがこの事件である。

連邦最高裁は特許高裁の判決を破棄し、本件を特許高裁に差し戻した。特許高裁は審理をやり直し、差止請求を退ける地裁の裁量は限定的であり、特段の理由がない限り特許侵害の差止めは認められなけ

表1　エクイティの四要件

要　件	内　容
1	侵害による被害が回復不能であること
2	被害を救済するためには損害賠償だけでは不十分であること
3	原告と被告のどちらがより困難な立場にあるかを考慮して衡平法上の救済が保証されること
4	公益が損なわれないこと

ればならないと判決した。この判決を不服としてイーベイは、再度、連邦最高裁に上告した。

最高裁は上告を受理し、地裁判決を破棄した特許高裁の判決は、「四要素テスト」を逸脱したと指摘し、特許の有効性と侵害が認定されれば差止めを自動的に発動できるとするのは特殊な原則であると批判した。最高裁はさらに、特許高裁が地裁同様、差止救済を教条主義的にあつかう誤りをおかしたと指摘し、法適用に誤りがあるとして下級審の判決を破棄した(2)。

トーマス裁判官は全員一致の法廷意見の中で判決理由を以下のように述べている。

伝統的なエクイティの原則によれば、差止めを求める原告は四つの要件［筆者注・表1参照］を満足しなければならない。地裁も特許高裁も差止めを求めるモーションの諾否を決定するにあたり、伝統的なエクイティの原則を正しく適用していない。地裁は伝統的な四要素テストを引用したものの、差止めを制限するための拡張的な原則として採用した。たとえば、「特許ライセンスへの原告の意思」と「特許を実施する商業活動の欠如」があれば、特許権者に回復不能な被害が無いことの立証は十分であると結論づけた。これは、伝統的なエクイティの原則では許されない考え方である。大学の研究者や個人発明家などは、発明を自ら商業化するよりも他者に実施許諾（ライセンス）することを望むのが普通であろう。このようなタイプの特許権者にも、伝統的な四要素テストは適用可能であるし、彼らを例外扱いにして四要素テストの対象外にする必要はない。

地裁と特許高裁は、差止救済の認定を支配する伝統的な四要素テストを正しく適用しなかった。そのため当法廷は特許高裁の判決を破棄する。特許高裁の判決の縛りが無くなるので、地裁は四要素テストを適用できることになる。当法廷は、本件及び他の特許法関連事件において差止めによる救済が適正か否かについての判断はしない。差止救済は、地裁のエクイティ上の裁量に依拠して判断されるべきであり、特許事件においてその裁量は、エクイティの伝統的な原則に合致するように行使されなければならないとだけ述べるにとどめる。

●故意侵害には三倍賠償が認められる

故意侵害が立証されると、特許権者は三倍賠償を得ることができる。これは「シーゲート事件」の特許高裁判決（二〇〇七年）で確立した判例である。この事件で特許高裁は、故意侵害の立証のための判断基準を確立した。この事件で争われたのは、特許訴訟においてどのような場合に加重の損害賠償が認められるかであった[3]。

特許法二八四条の規定は、加重の損害賠償がどのような場合に認められるべきかについて明記していない。そのため、特許高裁は、故意侵害があれば加重損害賠償は認められると判断してきた。しかし、どのような行為が「故意」となるかについては議論が多い。

シーゲート事件で特許高裁が確立したのは、故意侵害を立証するための基準であった。この基準は二つの要素から構成されている。最初の要素は、特許権者が「明白かつ説得力のある証拠」により、侵害者が特許侵害の可能性を認識していたにもかかわらず侵害を行ったこと（＝客観的な注意義務違反）の立証である。二つ目の要素は、高い侵害リスクを侵害者が知っていたかどうか、又は当然知り得るほど自明であったかどうか――である。

シーゲート判決により、特許権者はこれらのうちいずれかに該当することを立証しなければならないことが判例として確立した。

●注意義務違反は裁判官が判断する問題である

人工血管に使用されるポリテトラフローロエチレンに関する特許をもつバード（原告）が、W．L．ゴア（被告）を特許侵害で訴え、そこで問題となったのが注意義務違反の問題である。これは「バード対W．L．ゴア事件」で特許高裁が判決を下した。

この事件では、アリゾナ州の連邦地裁の陪審が特許有効、故意侵害を認定し、特許権者の逸失利益を一億二〇〇〇万ドル、合理的実施料を八三〇〇万ドルと算定した。この算定を踏まえ、地裁判事は、損害賠償額を三億七一〇〇万ドルに増額して、被告に支払いを命じた。また、特許権者の弁護士費用一九〇〇万ドルと、所定の料率での将来分の実施料率を裁定した。被告はこの判決を不服として特許高裁に控訴した。

特許高裁（パネル）は、すべての項目について地裁判決を支持した。被告は、特許高裁の判事全員による大法廷審理を請求し、大法廷は故意侵害の認定基準について、事案をパネルに差し戻した。

審理をやりなおしたパネルは、判例に基づき、客観的な注意義務違反は法律問題であり、陪審員ではなく地裁判事が判断するのが適当であると判断した。そのため、地裁の判決を破棄し、この問題（客観的な注意義務違反及び合理的抗弁）については地裁判事が再審理すべきであるとの意見をつけて事案を地裁に差し戻した。(4)

●三倍賠償を認めるための要件は硬直的過ぎる

連邦最高裁が特許高裁の故意侵害の判断基準に関する判例を見直したのが「ハロ・エレクトロニクス事件」である。この事件は、「ハロ・エレクトロニクス対パルス・エレクトロニクス事件」と「ストライカー対ジマー事件」を併合したものである。

前者の事件の原告であるハロ・エレクトロニクスは、回路基板に搭載する変圧器含有パッケージに関する複数の特許を所有していた。パルス・エレクトロニクスに対して同特許のライセンスを申し入れたが、パルス・エレクトロニクスは特許が無効であると考え、ライセンスの申し入れを無視して侵害品の販売を継続した。そのため、ハロ・エレクトロニクスは侵害訴訟を連邦地裁に提起した。地裁の陪審員は、被告のパルス・エレクトロニクスの故意侵害を認定したが、立証要件が満たされていないとして三倍賠償の請求については認めなかった。事案は特許高裁に控訴され、特許高裁も地裁の判決を支持した。

後者の事件の原告であるストライカーは、整形外科用洗浄装置に関連する特許を所有していた。ストライカーは、所有する特許がジマーにより侵害されたとして連邦地裁に提訴した。地裁は、ジマーの侵害が故意であるとして三倍賠償を命じた。ジマーはこの判決を不服として特許高裁に控訴。特許高裁は、地裁が三倍賠償を認定する際にシーゲート事件での特許高裁判決の立証要件を適用しなかったという理由から地裁判決を破棄した。

両件とも連邦最高裁に上告された。連邦最高裁は両件を併合して審理し、特許高裁の判決を破棄し、最高裁の意見に沿って再審理し直すよう特許高裁に差し戻した。[5]

ロバーツ首席裁判官（写真）は全員一致の判決の中で判決理由を次のように述べている。

ロバーツ首席裁判官

（1）判例法について

米特許法二八四条は、認定された損害賠償額を三倍まで増額する権限を連邦地裁に認めている。その条件として特許高裁は、シーゲート事件判決（二〇〇七年）において、二段階の立証責任を特許権者に課した。一つが、特許侵害の可能性が大きいことを侵害者が知っていたことを立証すること、もう一つは、侵害者が特許侵害のリスクを知っていたかあるいは知っている状況にあったことを立証すること、である。いずれの場合も、「明白かつ説得力のある証拠」による高いレベルでの立証が求められた。特許法二八四条の規定には損害賠償額を増額するための具体的な条件は記載されていない。地裁は自らの裁量によって決めることができるが、どの程度増額するかは侵害行為に対する「制裁」の観点から決定されなければならない。シーゲート判決は、あまりにも解釈が硬直的であり、地裁の適正な裁量の行使を難しくしている。

（2）判例変更の根拠

シーゲート判決により、すべての損害賠償事件において「客観的な注意義務違反」の存在を立証しなければならなくなった。この立証要件があるために、悪意をもった確信犯的な侵害者に対する制裁が効果的に行われなくなった。シーゲート判決は、注意義務違反を客観的に立証することを求めるが、その立証がなぜ必要かその理由を明らかにしていない。

シーゲート判決のもう一つの誤りは、本来であれば侵害者が主張できないはずの抗弁を、地裁で可能にした点である。一般的に、損害賠償額は、侵害者が侵害発生時点で侵害の事実を認識していたかどうかによって決まる。特許法二八四条は侵害者を罰するための権限を地裁に与えている。したがって、地裁は故意侵害のような悪意のある事件を罰するための権限を持っている。

シーゲート判決により、特許権者は侵害者の注意義務違反を立証しなければならなくなった。そのような立証要件は二八四条の趣旨にそぐわない。なぜならば、特許法制定にあたり議会が意図したのは、特許侵害訴訟で「証拠の優越性」の基準によって侵害を立証させることであった。損害賠償額もその例外ではない。

（3）地裁の裁量

地裁に裁量の濫用があったかどうかを判断する指標として、特許高裁は三つのテストを確立した。①注意義務違反の有無（シーゲート判決の第一要素）の全面的見直し、②侵害認識の有無を実質的な証拠で立証すること、③地裁の決定が裁量の濫用にあたるかどうかを決定すること――の三つである。しかし、当法廷はこの「三分割テスト」を退ける。

特許法二八四条の下で地裁には損害賠償額を増額する裁量が認められているが、その裁量の行使にはおのずから一定の枠と制限があることは歴史的に明らかである。特許高裁は、地裁の裁量の濫用を審理する場合、そのような歴史的事実と判例の動向を踏まえて判断すべきである。

●デザイン特許の損害賠償額は製品の販売利益ではない

アメリカの特許には、通常の特許（utility patents）の他に、新しいデザインや意匠を保護するデザイン特許（design patents）と植物自体の発明を保護する植物特許（plant patents）がある。通常の特許（有用特許と直訳されることもある）に対して確立した故意侵害の認定基準がデザイン特許にも適用されるかどうかが争われたのが「アップル対サムスン事件」である。

この事件の原告であるアップルは、サムスンのスマートフォンの一部機種が自社特許と商標に侵害するとしてカルフォルニア州の連邦地裁に陪審裁判を提起した。具体的には、iPhoneに関連するデザイン特許三件とインターフェースに関する特許三件についての特許侵害と、商標権（トレードドレス）二件の希釈を理由とした裁判である。地裁の陪審は原告アップルの知的財産権がサムスンにより侵害されたと認定し、一〇億ドル余の損害賠償を認定した。

その後、侵害通知が提訴前になされていなかったという理由により、地裁は損害賠償額の算定をやり直し、結果として賠償額を大幅に減額した。サムスンはその判決および算定額を不服として特許高裁に控訴。特許高裁はサムスンの主張を退け、地裁判決を支持した。サムスンは特許高裁の判決を不服として連邦最高裁に上告した。

最高裁はデザイン特許に関する争点についてだけ上告を受理した。連邦最高裁は全員一致で特許高裁の判決を破棄し、審理をやり直すよう意見付で事件を差し戻した(6)。法廷意見の中でトーマス裁判官は以下のように判決理由を述べている。

本件は「条文の」文理解釈で解決できる。特許法二八九条の「製造物」という用語は消費者に販売される製品とその製品の構成品の両方を含むもので、その意味は広い。辞書によれば、「物品」とは単に特定の物をさし、「製造」とは、「手作業または機械により原材料を人間の使用に適するように物品に変換すること」と定義されている。「製造物」とは、単に人または機械が作った物に過ぎない。

このように解釈すれば、製造物とは、消費者に販売される製品とその製品の構成品を含むほど広い意味をもつ。構成品も手作業または機械で製造される物である。その構成品を使って大きな製品が組み立てられるということは、言い換えれば、構成品が製造物のカテゴリーの中に包含されることを示している。

本件での特許高裁の「製造物」の解釈は狭く、二八九条の規定の趣旨と合致しない。特許高裁が侵害するスマートフォンの構成品が関連する製造物ではないと認定した理由は、消費者がそれらの構成品をスマートフォンとは別に購入することができないためである。しかしながら、「製造物」とは、消費者に販売された製品とその製品の構成部品を含むほど広い意味を持つものであり、構成部品が別途に販売されたかどうかによってその範囲が影響されることはない。「製造物」が消費者に販売された最終製品だけであると解釈するならば、それはあまりにも狭い意味となってしまう。

二八九条の下での損害賠償の認定は、二つの段階を踏まえて行われる。まず、侵害されたデザインが使用された製造物を特定する。そしてその製造物から得た侵害者の総利益を計算する。本件の製造物には、構成部品も含まれるので、それが市販されていないという理由からスマートフォン本体の総利益を損害賠償の対象としたのは、特許高裁の解釈の誤りである。当法廷の判決理由に沿って審理をやり直すことを特許高裁に命じる。

●「例外的」の定義は厳しすぎて適切ではない

特許法二八五条により、例外的な場合、勝訴当時者は弁護士費用の救済を受けることができる。この規定について、特許高裁は「ブルックス・ファーニチャー事件」で、弁護士費用の救済が受けられる「例外的な場合」とは、「不適切な重大行為」を含む場合や「客観的な根拠がない」場合、そして「主観的な悪意をもって提起された」場合などであると定義した。これらの場合には、事案が例外的であることを明確かつ説得力のある証拠により立証しなければならないとされた(7)。

この問題が争われたのは「オクタン・フィトネス対アイコン・ヘルス事件」であり、連邦最高裁は新しい解釈を示した。この事件でアイコン・ヘルス&フィトネスは、自社所有の特許を同業のオクタン・フィトネスが侵害しているとして、侵害訴訟を提起した。オクタン・フィトネスは、侵害されたとする特許が無効であるとの確認訴訟を起こし、地裁が特許の無効を判決したので、同社は特許法二八五条に基づき、弁護士費用の救済を地裁に申し立てた。

しかし、地裁は判例上の救済要件を満たしていないとしてこの申立てを退けた。特許高裁も地裁判決を支持。オクタン・フィトネスは連邦最高裁判所に上告した。最高裁は特許高裁の判決を破棄し、それが硬直的で地裁の裁量を制限しているとの意見を付けて事件を特許高裁に差し戻した(8)。

ソトマイヨール裁判官は法廷意見の中で判決理由を以下のように述べている。

（特許高裁の）ブルックス・ファーニチャー判決は、弁護士料の弁済が認められる場合を二つの類型に分けているが、その分け方はあまりにも硬直的すぎる。最初の類型は、訴訟や違法行為を含むものであり、別途制裁を科すことのできる多様な行為にまで及んでいる。それは適切なベンチマークではない。当事者の非合理的な行為――必ずしも別途制裁を科すことのできないもの――が、弁済を正当化するほど「例外的」であるような稀少な場合には、地裁は弁護士費用の弁済を認めることができる。

第二の類型の場合、地裁は、客観的根拠のない訴訟であること、そして主観的な悪意をもって提起された訴訟であること――の両方を決定しなければならない。しかし、請求の根拠が、主観的悪意または例外的なほど稀少のいずれかであれば十分に「例外的」であるとして他の訴訟から区別できる。特許高裁は、第二の類型を当法廷の先例（Professional Real Estate Investors, Inc. v. Columbia Pictures Ind., Inc., 508 U.S. 49）から引用したが、引用した先例の基準は、特許法二八五条の規定と無関係であり、特許法の文脈にそれを使用するのはまったく意味をもたない。

ブルックス・ファーニチャー判決の要件は厳しいので、二八五条を無用なものにしかねない。裁判所には、違法行為や悪意を含む事案での弁護士費用を弁済させるための権限が本来的に認められている。従って、当法廷は、当該規定を無力化することを避けるために、それを狭く解釈することはしない。

●裁量をもつ地裁の判断は尊重されなければならない

特許侵害事件の裁判地をめぐって連邦最高裁で争われたのが「ハイマーク対オールケア・ヘルスマネジメント・システムズ事件」である。

医療データの利用・管理システムに関する特許を所有するオールケア・ヘルスマネジメント・システムズは、医療保険会社であるハイマークを特許侵害で訴えたところ、ハイマークは対象の特許が無効であるとの確認を求める裁判を地裁に起こした。地裁は、ハイマークの主張を認め、係争特許が無効であると判決した。

地裁の無効判決を得たハイマークは、特許法二八五条に基づく弁護士費用の救済を求める申立てを行った。地裁は、二つのクレームについては例外的な事案であるとしてハイマークの申立てを認めたが、特許高裁は地裁の例外的な事案の認定に誤りがあるとして地裁判決を退け、弁護士費用の救済が認められるのは一つのクレームだけであると判決した。事案は連邦最高裁に上告された。

連邦最高裁は地裁の判断を尊重すべきであるとして、特許高裁の判決を破棄し、意見付で事件を特許高裁に差し戻した(9)。

法廷意見でソトメイヨール裁判官は判決理由を以下のように述べている。

オクタン・フィトネス判決で我々はブルックス・ファーニチャー判決を過度に硬直的であり、法二八五条の趣旨にそぐわないとして退けた。その代わりに、二八五条の「例外的な」という用語を通常の意味に解釈すべきであると判決した。「例外的な」事件とは、その事案が争われ方において不合理であり、その不合理性が他の事案と際立った違いがあるもの――と説明した。そして更に、「地裁は、状況を勘案して、事案ごとに自らの裁量で決定することができる」と述べた。

本件にこれが適用できる。二八五条は地裁の裁量で事案が「例外的」かどうかを決定できると述べており、その決定については控訴審が裁量の濫用として再審できる。従って、二八五条に関する地裁の決定についての再審理は全ての観点において、控訴裁は「裁量の濫用」の基準を適用すべきである。二八五条の問題が、場合により法律問題を含む場合があるかもしれないが、その場合でも、一般論として「事実関係の決定」を基礎としなければならない。

●ハロ・エレクトロニクス事件と iPhone 事件の背景

故意侵害に対する三倍賠償のハードルは、シーゲート事件特許高裁判決によりこれまで高留まりしていた。ハロ・エレクトロニクス事件での連邦最高裁判決は、地裁の裁量を尊重することでシーゲート判決の重石を除外したと言うことができる。連邦最高裁は、地裁の裁量について、侵害発生の時点での故意の程度が「悪質な場合」であれば三倍賠償を認めることができることを明らかにした。これは、三倍賠償に対するハードルを下げたものと言うことができよう。

連邦最高裁による特許高裁の基準見直しがされたのは今回が初めてではない。例外的事件での弁護士費用の弁済を定めた米特許法二八五条の解釈に関連して、「オクタン・フィトネス事件」（二〇一四年）及び「ハイマーク事件」（二〇一四年）で、特許高裁が確立した例外的事件の解釈基準を見直ししている。

オクタン・フィトネス事件で、①請求の客観的根拠がないことの立証、②請求が主観的な悪意をもって提起されたことの立証——という特許高裁が確立した二段階の立証要件が厳格すぎるとして否定し、地裁の裁量で決定すべきであることを確認した。また、ハイマーク事件では、地裁がその裁量で弁護士費用の負担を認めた場合、控訴審ではこれを全面的見直すのではなく、地裁の裁量権が濫用されたか否かの観点で確認すべきであると判示した。一連の特許高裁判例の見直しに共通するのは、特許高裁が定めた要件が硬直的すぎて地裁の裁量に干渉するというものである。

ハロ・エレクトロニクス事件の最高裁判決は、侵害鑑定の実務にも影響を与えるであろう。特許実務では、事前に弁護士による非侵害の鑑定を得ておけば、最悪の場合でも三倍賠償は免れ得るとされてきた。いわば、非侵害の鑑定書は「免罪符」としての役割が期待されていたからだ。しかし、これも見直しされるかも知れない。

ブライアー裁判官は賛同意見の中で、鑑定書の作成費用が高すぎるため、個人、中小企業、研究機関などは手が出せず、関連事業や研究に消極的になる傾向がある現状を指摘し、鑑定書の有無により三倍賠償の認定が影響されるべきではないと述べている。そして、「鑑定書と三倍賠償の法的関係を論じるのは意味がない」とまで指摘している。

サムスン対アップル事件は、デザイン特許三件の侵害でサムスンが稼いだ利益をすべて損害賠償として「召し上げられる」という話題性から、知財実務家だけでなく一般メディアでも注目された。特許高裁は、従来からデザイン特許の侵害認定を、①公知デザインと特許デザインが混同するほど類似していると一般人が判断するか、②もし類似すると判断するならば、公知デザインと異なる特許デザインの新規な特徴点はどこにあるか、の二段論法で行ってきた。これは連邦最高裁の「ドブソン判決」（一八八七年）の「一般人の判断」テストに依拠したものであるが、二番目の要件の立証が業界に通じた者でないと難しいという理由から、「一般人の判断」ではなく「当業者の判断」であり、最高裁のテストから逸脱すると批判されていた。

そのような批判を受けて、特許高裁はこの基準を二〇〇八年の「エジプシャン・ゴデス対スイサ社事件」での大法廷判決で変更し、①の「一般人の判断」テストをクリアすれば、②の「新規な特徴点」テストは不要であるとした。その結果、侵害立証のハードルが下がり、デザイン特許の損害賠償が売り上げ規模の大きい製品の場合、巨額の損害賠償額となった。

ドブソン事件では、カーペットデザインのカーペットそのものに対する売り上げ貢献率が立証できず、最終的にわずかな賠償額が認定された。そのため、損害賠償の最低額を二五〇ドルにする特許法の規定が入れられた。スマートフォンのような複合型のハイテク製品の損害賠償額の算定に、カーペットのデザイン特許の判例が影響を与えているとの批判に対し、最高裁は本件で文理解釈によって応えたものである。

（1）アメリカン・ルールについては、前章の「弁護士費用の負担は『アメリカン・ルール』に基づく」を参照されたい。
（2）eBay Inc. v. MercExchange, L.L.C., 547 U.S. 388 (2006). 本事件の事件概要、特許高裁・連邦最高裁の判決は、「侵

害差止めの法理―eBay判決を中心に―」（藤野仁三・ＦＲＡＮＤ研究会編著『標準必須特許ハンドブック』発明推進協会、二〇一九年、五一―五八頁）を参照されたい。

（3）In re Seagate Tech, LLC, 497 F.3d 1360, 1371 (Fed. Cir. 2007) (*en banc*)

（4）Bard Peripheral Vascular, Inc. v. W.L. Gore & Assocs., Inc., 670 F.3d 1171 (Fed. Cir. 2012)

（5）Halo Electronics Inc. v. Pulse Electronics Corp., 579 U. S. ____ (2016)

（6）Samsung Electronics Co. v. Apple, 580 U. S. ____ (2016)

（7）Brooks Furniture Mfg., Inc. v. Dutailier Int'l, Inc., 393 F. 3d 1378, 1381 (Fed. Cir. 2005)

（8）Octane Fitness, LLC v. Icon Health & Fitness, Inc., 572 U. S. 545 (2014)

（9）Highmark, Inc. v. Allcare Health Management Systems, Inc. , 572 U. S. 559 (2014)

第七章　研究目的での特許使用（ボーラー条項）

特許は排他権であり、それを無断で使用すると侵害責任が生じる。しかし、判例により、侵害責任が免除される場合がある。その一つが研究目的での特許使用である。本章は、ボーラー条項をめぐる主要判例を検討するものである。

●「哲学的実験」は特許侵害にならない

アメリカで研究目的の特許使用が特許侵害にならないとされたのが、ジョセフ・ストーリー判事による「サウィン対ギルド事件」でのマサチューセッツ連邦裁判所判決（一八一三年）である。この事件は、特許で保護されていた爪切り器を、押収した副保安官が販売したことで起こされた特許侵害事件である。この事件を担当した連邦裁判所のストーリー判事は、副保安官の行為は特許侵害にならないと判決し、その理由を以下のように述べた。

特許製品を無断で製造することは違法行為となる。そのような製造とは、利益のために使用する意図を伴ったものでなければならない。単なる哲学的実験（philosophical experiments）や明細書（の記載事項）の正確性を確かめることを目的とする製造は、対象にはならない[1]。

この判決により、特許侵害が生じるのは、①特許使用が利益目的である、②その使用が哲学的実験でも明細書の記載の正確さの実証のためでもない――場合であることが確立した。特に第一の利益目的の要件については、その後も判例として拘束力をもち、次節で検討する「メイディー対デューク大学事件」で変更されるまで判例として維持された。

ストーリー判事による判決文の引用部分は有名で、その後の多くの判決例で引用されている。しかし、「哲学的実験」の真意については、後世、多くの議論と推測を呼んだ。たとえば、アメリカの最初の特許法（一七九三年法）の規定と、発明が生まれる現場とが乖離しているので、発明者が自宅の工房や地下室で機械をいじりながら作業する状況を「哲学的な実験」と表現しただけだとする説[2]や、ストーリー判事がこの問題に直面した当時の意味と現在の意味は異なっており、単に新しい技術の開発に向けられた研究というような意味合いだったとする説[3]などがある。

このように、研究目的での特許使用の法律問題は長い歴史をもつ。その後、一九八〇年代になり、後発医薬品（ジェネリック薬品）の登場とともにその解釈に大きな変化が生まれてくる。

本章では、ジェネリック企業の登場後に焦点を当て、研究目的での特許使用の問題についての連邦裁判所の判決例を検討する。

●営利を目的としなくても特許侵害となる

現行のアメリカ特許法の下で、特許発明の使用が侵害とならないのは、それが医薬もしくは獣医用生物製品の製造、使用または販売を規制する連邦法の下で、情報の収集または提供に合理的に関連して使用される場合に限られる。

これは、特許法二七一条（e）（1）で規定されている。この規定は、先発医薬品メーカーのロッシュと後発医薬品メーカーのボーラー社との間で争われた特許侵害訴訟（「ロッシュ対ボーラー事件」）での特許高裁判決を受けて条文が修正されたものである。そのため、この条文は一般に「ボーラー条項」と呼ばれている。(4)

この事件の原告ロッシュ・プロダクツは、処方睡眠薬である「Dalmane」の有効成分に関する特許を所有していた。ロッシュの特許は、一九八四年一月一七日に権利が満了した。ボーラー社は、ロッシュの睡眠薬特許が切れる前に、後発医薬品の販売承認申請のため、必要データ取得用に試験薬を外国メーカーから輸入して薬理試験を行った。ロッシュは一九八三年七月、ボーラー社とその輸入代理店を相手取り、ニュージャージー州の連邦地裁に特許侵害訴訟を提起した。

裁判でロッシュは、特許の有効期間内は、使用目的にかかわらず特許の使用は禁じられると主張した。地裁はロッシュの主張を認め、ボーラー社に暫定的な侵害の差止めを命じた。ボーラー社は差止執行の前に、ニューヨーク州の連邦地裁に事件の移送を求め、認められた。移送先のニューヨーク州の連邦地裁は、ボーラー社によるロッシュ特許の使用は「些事」であり、「試験目的」であると認定して特許侵害を認めなかった。ロッシュはこの判決を不服として特許高裁に控訴した。

特許高裁は、地裁判決を破棄し、事件を地裁に差し戻した。その理由を特許高裁判決は以下のように述べている。

ボーラー社は特許を試験目的で使用したというが、その試験はビジネスを目的とするものである。「好奇心を満足させる娯楽のため」でも「厳格に哲学的な探求のため」でもない。ボーラー社が当局への申請に必要な試験データを得るために特許を使用したことは、特許の侵害行為である。ボーラー社にとっては単なる試験にすぎなかったかもしれないが、ビジネスの目的で特許発明を試験で使用することは、特許の排他権に違反する行為である。本件の場合、その使用を「(司法判断の免除となる)些事」であると認めるのは明らかに誤りである。当事者にとってそれが与える経済的影響は些事ではない。我々は、科学的な探求という外見をもつ試験目的の使用を、特許侵害にならないというような広い解釈をとることはしない[4]。

結果的には、後発医薬品の承認のために必要な特許発明の実施が、特許侵害に当たると判断されたが、後述するように、これを発端として特許法にボーラー条項が導入された。

●ボーラー条項は医療装置にも適用される

アメリカの「連邦食品医薬品化粧品法」(FDC法)の対象は医薬品である。それが医療装置にも適応されるかどうかが争われたのが「イーライ・リリー対メドトロニック事件」である。

大手製薬企業のイーライ・リリーは一九八三年、所有する二件の特許が侵害されたとして、メドトロニック社を相手取り、医療装置（「埋め込み式除細動装置」）の試験および販売の差止めを連邦地裁に求めた。被告のメドトロニック社は、自らの行為がFDC法に基づき、医療装置の事前承認を得るために必要な情報を得るために行われたものであり、米国特許法二七一条（e）（1）の規定により侵害が免除されると主張した。

地裁は、同条の規定は医療装置には適用されないとして、イーライ・リリーの特許侵害の主張を認めた。しかし、特許高裁は、地裁判決を破棄し、FDC法に基づく当局からの販売承認を得るために使用される場合には、メドトロニック社の行為は侵害行為から除外されるとして、事件を地裁に差し戻した。イーライ・リリーはこの判決を不服として連邦最高裁判所に上告した。

連邦最高裁は、特許高裁の判決を支持。その理由を次のように述べた。

ボーラー条項は、FDC法に基づく医療装置の販売承認を得るために必要な情報の入手および提出に関連する特許発明の利用を侵害対象から除外している。しかし、同条項の「医薬品の製造、使用または販売を規制する連邦法」という規定はあいまいであり、メドトロニック社が主張するようにFDC法を含むすべての法律が該当するとも読めるし、イーライ・リリーが主張するように医薬品を規制する連邦法の個別の条項だけであるという読み方もできる。いずれも、規定が不正確であり明快さを欠いていることに起因している。

法改正のポイントは、医薬品承認申請と医療装置承認申請を区別することではなく、医薬特許と医療装置特許を区別することにある。もしイーライ・リリーが主張するように法改正が医薬特許だけを対象としたものだと解釈するならば、規定はもっと判りやすい書きぶりになったであろう。ボーラー条項を導入した一九八四年法の全体を考慮すると、メドトロニック社の解釈の方に妥当性がある。

改正法の狙いは、新薬の販売承認手続きによって生じた特許制度のゆがみを解消することであった。つまり、販売承認手続きが進行している特許期間の前半は、特許による経済的利益が得られないことに鑑み、権利期間の終期を販売承認に要した期間だけ延長して、競業者の参入を特許満了まで阻止できるようにすることである。同改正法により、ボーラー条項のほかに一五六条の「特許期間延長」条項も導入されている。

イーライ・リリーは、医療装置やＦＤＣ法規制の非医薬品に関連する特許権者は一五六条（権利期間延長）の恩恵を受けるが、ボーラー条項の下で非侵害という不利益を被ることはないはずだと主張する。しかし、連邦議会は法改正にあたり、新薬承認審査のための期間が長引いたことによる特許制度への影響、つまり上記のゆがみを十分に認識していた。法改正が医薬品だけに及ぶものであって、その他の製品（医療装置等）について別の規定に委ねるという解決策を議会が採ったとは考えられない。

改正法では、法定の販売承認が必要となる「新しい動物用医薬または獣医用生物製品」を明文で除外しており、また、特許権利期間延長のための改正法は一般規定であり、補足的な規定であることも明示している。したがって、ボーラー条項についての特許高裁の解釈は妥当である(5)。

●商業目的かどうかは無関係である

冒頭記載のように、研究目的の特許使用の例外は、判例により、利益を目的としないことが原則であった。「利益を目的としない」という原則について、その解釈をより限定的にしたのが「メイディー対デューク大学事件」での特許高裁判決（二〇〇二年）である。この事件で、試験目的の大学の研究室の特許使用が侵害免除となるかどうかが争われた。

ジョン・メイディーはスタンフォード大学の教授で、フリー・エレクトロン・レーザー（ＦＥＬ）研究の第一人者として知られていた。デューク大学は、新たにＦＥＬ研究棟を増設し、メイディーをＦＥＬ研究部長として迎い入れた。彼はＦＥＬ研究設備で使用する技術に関連する特許を二件所有しており、スタンフォード大学で使用していた多くのＦＥＬ研究設備をデューク大学に移転した。

しかし、その後、公的な研究助成金の配分をめぐり大学側と意見対立がおこり、メイディーと大学側との関係が悪化した。その結果として、大学は、メイディーのＦＥＬ研究部長職を解いた。その後、メイディーはデューク大学を退職した。

メイディーは、デューク大学がＦＥＬ棟の研究設備を無断で使用したことを理由に、特許の侵害訴訟を起こした。デューク大学は、研究棟での設備使用は試験研究の例外にあたるとして侵害免除を主張した。この主張は、デューク大学が定める定款の「特許方針」の序文（「研究開発は商業利用を主たる目的とするものではない」）を根拠とするものであった。これに対してメイディーは、大学による特許使用は商業目的であり、試験使用の例外にはあたらないと反論した。

　地裁はデューク大学の主張を認め、試験目的の非営利の使用は特許の侵害にならないと判決した。メイディーはこの判決を不服として特許高裁に控訴した。特許高裁は、大学による特許の使用は、大学の事業を促進するためのものであって、それが「単なる娯楽のため」でも、「私的興味を満足させるため」でも、「厳密に哲学的な探求のため」でもないときは、試験使用の例外の抗弁は成立しないと判決した。(6)

　特許高裁はその理由を以下のように述べた。

> 原告メイディーは、大学による特許使用が試験目的ではないことの立証義務を、原告に転嫁した地裁の判断は誤りであると主張する。大学には抗弁理由の立証義務があるので、その主張はもっともである。……地裁は、試験目的の非営利の使用を含む抗弁を、限度を超える程度に拡張して受け入れた。試験使用の抗弁は狭い範囲で認められるものであり、軽微な商業目的である場合であってもそれは適用されない。どれほどの利益を生むか、それが営利目的か否かなどとは関係しない。
>
> 本件の場合、大学による特許使用は、正当な事業を促進させるためのものである。その事業には、

助成金と名声を得るための研究の促進も含まれる。本件を地裁に差し戻す。地裁は、大学の正当な事業――それは営利か非営利かという問題ではない――を検討しなければならない。

本件で地裁は、大学の非営利な教育機関としての性格を過剰に考慮するあまり、大学のもつ正当な事業目的を合理的に解釈することを怠った。本件を地裁に差し戻すので、地裁は、実験使用の抗弁の解釈を極めて狭く、限定的に解釈しなければならない。その際、大学が非営利団体であることではなく、その正当な事業目的に焦点を当てなければならない。(6)

●ボーラー条項は前臨床試験にも適用される

ボーラー条項をめぐる特許紛争は、先発医薬品メーカーと後発医薬品メーカーの間で先鋭化したが、この問題が先発医薬品メーカー同士でも生じる問題であることを明らかにしたのが「メルク対インテグラ事件」である。

医療技術の大手インテグラは、トリペプチド配列（通称「ＲＧＤペプチド」）に関する五件の特許をもつ。メルクＫＧＡＡは一九八八年、スクリプス研究所のチェレシュ博士に、既存の血管から新しい血管を派生させる血管新生プロセス「アンジオジェネシス」の研究に助成金を提供した。アンジオジェネシスは、癌腫瘍、糖尿病、リュウマチなど多くの疾病治療に重要な役割を果たすことが知られていた。チェレシュ博士への研究助成契約は三年間延長され、その間メルクから提供されたＲＧＤペプチドを使って新薬の候補物質の試験を行った。

メルクは一九九六年、ある種のＲＧＤペプチドを申請するため、欧米の規制当局に手続きを開始した。そして、一九九八年、国立癌研究所（ＮＣＩ）の資金援助を受けてＲＧＤペプチドの研究を共同で進めることを決めた。

スカーリア裁判官

インテグラ（以下「原告」）は一九九六年七月、メルク、スクリプス研究所、チェレシュ博士の三者（以下「被告」）を連邦地裁に特許侵害で提訴し、メルクによるＲＧＤペプチドの提供や試験での同物質の使用が特許侵害に当たると主張した。これに対して被告は、ボーラー条項を根拠に侵害が免除されると主張した。しかし、陪審員は被告による特許の侵害を認定し、一五〇〇万ドルの損賠賠償を決定した。

特許高裁の合議体（パネル）は二〇〇三年、「メルクの支援を受けたスクリプス研究所の作業は、ＦＤＡに退出するための臨床試験にはあたらず、新しい医薬物質を特定するための一般的な研究に過ぎない」という理由でメルクの侵害免除の主張を退けた。同時に、地裁が賠償額の見直しを求めるモーションを退けたのは誤りであったとして事案を地裁に差し戻した。

事案は連邦最高裁に上告され、最高裁は、特許高裁の判決を破棄して、事件を差し戻した。スカーリア裁判官（写真）は、全員が一致した法廷意見の中でその理由を次のように述べている。

ボーラー条項の輪郭は必ずしも明確ではないが、連邦の承認プロセス用に提供するデータ作成のための特許医薬品の使用に関しては、射程が広いのはその規定から明らかである。それは、ＦＤＣ法下で作成・提出されるあらゆる情報に及ぶ。前臨床試験における特許化合物の使用も含まれるのは当然である。

それに対して原告は、ＦＤＡ関連データとして認められる前臨床データは、ヒトに使用した場合の医薬品の安全性に関するものだけであり、効能、反応メカニズム、薬物動態、薬理作用などは含まれないと主張する。しかし、当法廷はそのように限定する理由はないと考える。たしかに、条文では「ＩＮＤ審査の主目的は……目的物の安全性と適合性を確かめること」と規定しているが、それは他の医薬品の特性には興味がないという意味ではなく、ＦＤＡは申請人がＩＮＤの中に、動物実験で得た医薬品の薬理学上、毒性学上、生理学上の特徴についての要約を入れることを求めているという意味である。これらの要約において、用法、結果、診断上の知見、ヒト適用の可否などが検討されていなければならない。これらは、前臨床試験で得られるのが一般的である。

原告は、たとえＦＤＡの求める情報の範囲が広いものであると認めるとしても、本件の被告の行為は侵害免除とはならないと主張し、その理由としてＦＤＡの善良な行為規範に沿ったものでない点を挙げた。これは二つの点で誤りがある。まず、ＦＤＡの「善良性」基準は、医薬品の試験のみに適用されるものであり、医薬品前臨床試験における効能、反応メカニズム、薬理作用などには適用されない。また、安全性関連の実験であっても、それが「善良性」基準に準拠しないものであるならば、ＩＮＤ申請の中で提出するのは適切でない。

特許高裁の判決（＝侵害免除とならない）には二つの前提がある。①被告の実験データがＦＤＡには提出されず、代わりに今後の臨床試験を条件にして候補物質を同定した、②侵害免除はいずれどこかの時点でＦＤＡ承認につながる実験活動をすべて広く包含するものではない――である。最初の前提は現実的なものではない。新薬の開発はほとんど試行錯誤を経て行われている。だからこそ試験が必要であり、ボーラー条項が存在するのである。

データがＦＤＡ申請されたか否かで侵害免除の認否は変わらない。含めるべき情報の特定は、前臨床の段階では必ずしも明らかではない。よって、当法廷は、ＩＮＤ・ＮＤＡに関連する情報が試験を通して得られるという確信がある限り、前臨床試験で特許化合物を使用しても、ボーラー条項の下で侵害が免除されるという解釈を支持する。[7]

●日本法との比較

アメリカの「連邦食品医薬品化粧品法」（ＦＤＣ法）は、食品医薬品局（ＦＤＡ）に食の安全性、薬品、化粧品に関する権限を与える連邦法である。この法律は、医薬品が市販される前に販売される医薬品の安全性を保証する目的で、一九三八年に制定された。しかし、それはサリドマイド事件（一九六二年）を契機に、ＦＤＡによる新薬承認（ＮＤＡ）審査に多くの情報の提出を求めることができるように改正されたものである。

その結果、新薬の申請から承認までの期間が長期化し、特許の有効期間内に医薬品の開発に投じたコストが十分に回収できなくなるという問題が生じた。医薬品業界を中心に新薬承認の審査に費やされた期間分の特許期間を回復させるべきだとの声が次第に強くなり、一九八〇年に最初の法案が連邦議会に上程された。しかし、後発医薬品メーカーや消費者団体からの反対意見が強く、結局、この法案は成立しなかった。

一九八四年のボーラー条項の導入により、後発医薬品の新薬承認が認められたが、そのための新たな臨床試験が必要となり、後発医薬品メーカーにとっては新薬承認審査の壁は依然として厚いものであった。

そのため、生物学的同等性試験に関する資料を提出すれば前臨床試験と臨床試験の報告書を提出しなくてよいとする簡略申請が検討されるようになり、一九八三年に提出された「特許期間回復法案」の対案として、ジェネリック企業団体の意向を踏まえた「医薬品価格競争法案」が提出された。

これに合わせるかのように出されたのが「ロッシュ対ボーラー事件」での特許高裁判決である。この判決は研究開発や医薬品開発に携わる機関や企業に大きな影響を与え、立法による何らかの救済策を求める声が業界の中で強くなった。

連邦議会は、特許期間回復を望む製薬業界と、管理承認制度を望む後発医薬品業界の両方の要求を入れた妥協案を提出し、それが一九八四年に「薬品価格競争及び特許期間回復法」として成立した。同法により、特許法が改正され、二七一条（e）（1）が導入された。

日本の現行特許法も「特許権の効力は試験又は研究のためにする特許発明の実施には及ばない」と規定する。この場合の「試験又は研究」の範囲は必ずしも明確ではないが、試験目的での特許使用については侵害免除とするという考え方は、明治以来、日本の特許法に通底する考え方である。

例えば、大正十年特許法の解説書で清瀬一郎は次のように書いている。

「我国ノ特許法ニ於テハ英国ト同ジク特許権ノ効力ヲ営業的使用ニ制限セサルカ故ニ……、試験的使用カ特許権侵害ト為ルヤ否ヤハ問題ト為ルヘキニ付キ旧特許法以来此規定ヲ存スルモノナリ(8)」

当時、殖産興業や軍事技術の発展を国是とした日本にとって、特許制度との棲み分けをはかる上で必要不可欠な措置であったろう。

「試験又は研究」の範囲の問題が裁判で多く議論されるようになったのは、後発医薬品の開発に影響するからであった。具体的には、開発のための特許使用が「試験又は研究のためにする」といえるか否かという問題点に収斂している。

後発医薬品であっても、薬事承認を得るための試験や審査に年単位での時間を要する。そのため、後発医薬品メーカーは、特許の存続期間満了日より前に必要な試験を行い、特許を実施しなければならない。この点については、我が国の最高裁が「膵臓疾患治療剤事件」(平成一一年四月一六日判決)において以下のように判決している。

第三者が、特許権の存続期間終了後に特許発明に係る医薬品と有効成分等を同じくする医薬品（後発医薬品）を製造して販売することを目的として、その製造につき薬事法十四条所定の承認申請をするため、特許権の存続期間中に、特許発明の技術範囲に属する化学物質又は医薬品を生産し、これを使用して右申請書に添付すべき資料を得るのに必要な試験を行うことは、特許法六九条1項にいう『試験又は研究のためにする特許発明の実施』に当たり、特許権の侵害にならないものと解するのが相当である。(9)

（1）Sawin v. Guild, 11. 21 F. Cas. 555 (C.C.D. Mass. 1813) (No. 12,391)
（2）Richard Bee, *Experimental Use as an Act of Patent Infringement*, 39 J. PAT. OFF. SOc'Y 357, 367 (1957)
（3）Donald Chisum, *The Patentability of Algorithms*, 47 U. PIrr. L. REv. 959, 1017–19 (1986)
（4）Roche Products, Inc. v. Bolar Pharmaceutical Co., 733 F.2d 858 (Fed. Cir. 1984)
（5）Eli Lilly & Co., v. Medtronic, Inc., 496 U.S. 661 (1990)
（6）Madey v. Duke University, No. 01–1567 (Fed. Cir. Oct. 3, 2002)
（7）Merck KGaA v. Integra Lifesciences I, Ltd., et al., 545 U.S. 193 (2005)
（8）清瀬一郎『特許法原理』（巌松堂書店、昭和四年、一三八頁。旧漢字は当用漢字に改めて引用した。）
（9）平成一〇年（受）一五三号、最高裁平成一一年四月一六日第二小法廷判決。

第八章　特許侵害に対する抗弁理由（消尽論）

特許権者が特許製品を市場で販売すると、販売された製品に対する特許保護は喪失する。これは「特許消尽」と呼ばれる世界共通の原則である。その理由は、特許製品が販売されると、販売された特許製品については特許権の目的が達成されるので、それ以降の製品流通に関して特許権が及ばないと考えるからである。つまり、特許製品に関する限り、販売によって特許の効力が尽きてしまうという考えで、「特許用尽」と呼ばれることもある。この考え方は、市場での特許製品の流通が妨げられないようにするための法理であり、判例で確立したものである。

消尽論は、侵害裁判で被告が抗弁理由として主張することが多い。例えば、転売目的で特許製品を購入した場合、関連特許の侵害が発生するように見える。しかし、判例ではこの場合の侵害責任は免除されている。この判断の根拠としてさまざまな関連事項が考慮されている。例えば、発明の保護と公共の利益とのバランス、特許製品が転売されることを前提にして販売されている取引慣行、特許権者に二重利得を認める必要性がないこと、特許権の消尽を認めないと商品取引が滞ること――などである。このように、消尽論の成否は、個々の事例における事実関係に依存する。

本章では、強い特許保護が志向されるアメリカにおいて、消尽論に関する判例がどのようにして確立してきたか、その歴史と判例の発展を検討する。

●未完成品の販売であっても特許は消尽する

消尽論は、完成した製品の販売に適用されるが、未完成の製品の場合にも生じるかどうかが争われたのが「合衆国対ユニヴィス・レンズ事件」の連邦最高裁判決（一九四二年）である。この事件は地裁判決に対する連邦最高裁への直接上訴が認められた事件である[1]。

ユニヴィスは、メガネ用レンズを製造・販売する会社で、多焦点レンズを開発し、関連特許を多数保有していた。同社はメガネ用の未加工レンズを系列会社に提供し、必要な研磨や調整加工を行うためのライセンスを系列会社や小売店に与えていた。

ライセンスは、ライセンシー（卸売業者、加工業者、小売店）によってその内容が異なっていた。卸売業者と加工業者向けのライセンスは、ユニヴィスから購入した未加工レンズをライセンシー自らが加工、研磨、調整することを許諾するものであった。ライセンシーは、厳格な品質保持と価格維持が求められた。小売店に対するライセンスは、一種の販売許諾であり、卸売業者や加工業者が加工・調整したレンズを販売することを認めるものであった。

ライセンス料はライセンスの種類に拘わらず一律五〇セントで、ユニヴィスの収益源は、基本的にライセンシーに対する未加工レンズの販売であった。この事件で、ユニヴィスのライセンス慣行が反トラスト法に違反するかどうかが争われた。地裁は、ユニヴィスの特許権は販売を行う子売店には及ばないとし、小売店をライセンス契約で規制するのは反トラスト法に違反すると判決した。事件は連邦最高裁判所に直接上訴された。この事件は基本的に反トラスト法の問題であるが、特許の消尽論に関連する判示を一部引用する。

未加工レンズが、特許権者またはライセンシーから加工業者に販売されると、加工業者は最終利用者のメガネに装着できるように仕上げるための加工、つまり、研磨及び調整の加工を行うことができる。このような加工を行うための使用権と加工レンズの販売権が購入された物品（未加工レンズ）に付帯する。特許の独占権は、そのような物品の正規の販売に対してだけ認められるものであり、それは販売後には消滅する。

特許権者またはライセンシーによる未加工レンズの販売は、未加工レンズの所有権の完全な移転であり、特許権に関する最終の手続きである。本件の場合、所有権の移転と実施権の設定（ライセンス）に対する対価は、加工を行うライセンシーが支払う購入代金である。

特許権者は、特許の販売により独占権をすべて放棄し、発明を含む物品の販売により一部を放棄できる。特許を保持する限り独占権は維持されるが、特許製品が販売されると、その製品に対する独占権は消尽し、それ以降、特許権者はその製品の使用や処分を行うことができない。

我々は、これまでの検討により、次の結論が得られると考える。つまり、半成品が販売された場合、それが特許発明の基本的な特徴を含み、特許の保護範囲にあって、特許で定める仕様で加工されているならば、特許権者は、特許発明を販売したことになる、と。特許製品に対する対価は、製品と発明に対するものであり、特許権者には特許製品についての独占権を主張する権利はあるものの、販売されたあとは、それが完成品であろうと半成品であろうと、その価格を管理することはできない。ライセンシーが、卸売業者や加工業者に未加工レンズを販売したならば、購入者がそれを研磨・加工しても販売しても、もはや特許侵害にはならない。そこに疑問の余地はない。さらに、特許権者による再販売価格の固定は、特許で何ら正当化されず、その問題は非特許商品の場合と同じようにシャーマン法に根拠を置いて考えなければならない。

方法特許の消尽論は認められない

ユニヴィス事件で確立した消尽論が、方法特許にも適用されるかどうかが争われたのが「クアンタ対LG電子事件」である(2)。この事件の当事者であるLG電子は、コンピュータシステムに関する多くの米国特許を所有し、インテルとの間で、保有特許を互いにライセンスし合う、クロスライセンス契約を締結した。両社は、別途、マスター契約を結び、第三者がインテル製品と他社製コンポーネントを組み合わせる場合にはLG電子との間の特許ライセンスを適用しないことに合意した。さらに、マスター契約の違反はクロスライセンス契約の違反にはならないこと、第三者がインテル製品を他社製品と組み合わせる場合、インテルは第三者に特許ライセンスが許諾されていないこと――を通知することが規定されていた。

一方の当事者のクアンタは、インテルからマイクロプロセッサーやチップセットを購入し、他社製のコンポーネントと組み合わせてコンピュータを製造・販売していた。クアンタは、インテル製品を購入した時、インテルからLGのライセンスを受けていない旨の通知を受けていた。

LG電子は、クアンタをLG特許の侵害容疑でカリフォルニア州の連邦地裁に提訴した。裁判でクアンタは、LG特許がインテル製品の販売により消尽したと主張した。それに対しLG電子は、クアンタがインテルから購入した製品はLGのシステム特許の対象ではないので、インテル製品の販売により特許の消尽は生じないと反論した。

地裁は、インテル製品がクアンタに販売された時点でLG特許は消尽し、クアンタによるLG特許の侵害は生じないと判決した。しかし、方法クレームについては消尽論が適用されないと判示した。特許高裁は、方法クレームに消尽論を適用しないとする地裁の判断を支持したものの、そもそも本件では別契約で組み合わせ禁止の合意があり、クアンタへのインテル製品の販売が条件付きであるから特許の消尽は生じないと判決した。事件は連邦最高裁判所に上告された。

連邦最高裁は特許の消尽を認め、特許高裁の判決を退けた。トーマス裁判官は法廷意見の中でその理由を以下のように述べている。

（1）方法クレームに消尽論が適用されるか

当法廷は、消尽論の適用にあたり方法特許を除外していない。例えば、一九四二年のユニヴィス事件判決（＝特許権者が半製品のレンズを販売し購買者がそれを加工した事案）で、未完成品の販売による方法特許の消尽を認めている。発明の実質的な特徴が未完成品に具現化されていたからである。このことは、本件にも共通する。クアンタに販売されたインテル製品に関して方法特許の消尽論が適用されないとするならば、消尽論そのものが骨抜きにされるおそれがある。

（2）クアンタへの販売は特許を消尽させるか

消尽は特許権者による正規の販売があって初めて生じる。LG電子は、本件の場合にはインテルからクアンタへの販売が正規のものでなかったと主張する。ライセンス契約の下で、インテルは他社製品との組み合わせのための販売を禁止されていることがその根拠となっている。しかし、この主張には重要な欠落がある。

ライセンス契約は、インテル製品を他社製品と組み合わせる目的で購入する顧客への販売を禁止していない。インテルには「製造」、「使用」、「販売」のためのライセンスが認められている。組み合わせ禁止の通知は別契約下での義務であって、その義務の不履行は本件では争われていない。また、別契約の違反がライセンス契約の違反になるとの主張がなされている訳でもない。

LG電子は、ライセンス契約が非インテル製品との組み合わせのための許諾特許の使用を明確に認めていない点を指摘する。これは黙示のライセンスの有無の問題であるが、クアンタはこの問題を争っておらず、本件では無関係である。

インテルはライセンス契約の下でLG電子の特許を実施した製品を販売する権限をもっており、インテル製品の販売によって許諾特許は消尽している(2)。

●消尽論は販売された特定製品だけに適用される

消尽論の適用される範囲が連邦最高裁で争われたのが「バウマン対モンサント事件」である。モンサントは、遺伝子組み替えによる大豆の種子を生産し、その生産方法に関する特許を保有していた。この組み替え大豆は、除草剤に強い耐性をもつことに特徴があった。モンサントは、各収穫期に一度だけ組み替え大豆の種子を植えることを認めるライセンス契約を農家と結んだ。契約農家は、収穫した大豆の消費・販売を自由に行うことができたが、それを種子として使用すること、その種子を再販売することはできなかった。

バウマンはモンサントの系列店から収穫期毎に組み替え大豆の種子を購入していたが、購入先を価格の安い大型穀物倉庫に切り替えた。バウマンはそこから購入した大豆を蒔き、除草剤としてグリホセートを使用した。ほとんどの雑草はこの除草剤で駆除されたが、耐性のある組み替え大豆だけが生き残り、生き残った大豆を翌年の収穫用に採種して使用した。

モンサントは、そのようなバウマンの採種・使用が特許侵害であるとして連邦地裁に提訴した。これに対してバウマンは、特許が消尽したとの抗弁理由を主張した。地裁はバウマンの抗弁を退け、特許高裁も地裁判断を支持した。事件は連邦最高裁判所に上告された。

連邦最高裁は下級審の判決を支持し、バウマンの特許消尽の主張を退けた。ケイガン裁判官（写真）は全員一致の判決の中でその理由を以下のようにのべている。(3)

特許消尽の原則により、関連特許は特許品の最初の正規の販売がなされると終了し（クアンタ判決）、正規に販売された後は購入商品の使用権または販売権は購入者に移転する（ユニヴィス判決）。それにより、販売された「特定の」物品についての特許権者の権利は制限されるが、購入者がその製品の複製を行うことまでを許容するものではない。

バウマンは、特許で保護された大豆の種子を植え、それを収穫することで特許発明の追加的な複製を行った。彼の行為は特許消尽の対象にはならないものである。そう解釈しないと、モンサントの特許により得る利得が減少するであろう。モンサントが最初の種子を販売した後は、他の種苗会社が特許大豆を生産することでモンサントと競合することができる。農家は一回収穫するための種子をモンサントか他の業者から一回購入すればよいことになる。その種を植え付けることができるからだ。

ケイガン裁判官

バウマンは、農家が通常行うやり方で種子を使用したのであり、消尽論が適用されると主張する。そして、そのような使用にモンサントが干渉することを認めれば特許品に対する消尽論に不当な例外を認めることになると主張する。しかし、実際にそのような例外を認めるよう求めているのはバウマンの方である。バウマンの求める例外を認めるならば、種子特許に何ら価値が残らないだろう。むしろ、通常のルールを適用することで農家が特許の効果的な有効利用を行うことになろう。バウマンは消費用に大豆を購入しており、効果的に有効利用できないと主張する立場にはない。

●特許消尽は販売製品の付帯条件に左右されない

特許製品の販売についての付帯条件による消尽論の適用の有無が、影響されるかどうかが争われたのが「レックスマーク事件」である。この事件で、レックスマーク・インタナショナル（ＬＩＩ）は、トナー・カートリッジの設計、製造、販売を行い、関連特許を多数保有していた。ＬＩＩは、自社製カートリッジを標準価格と割引価格の二本立てで販売し、割引価格のカートリッジを標準価格よりも二〇パーセント引きで購入可能にし、購入者に対して使用後のカートリッジをＬＩＩに返却する義務を課した。

被告のインク・カートリッジの詰め替え業者は、使用済みのカートリッジを回収、洗浄、詰め替えをして、詰め替え製品として販売した。外国に販売されたカートリッジについては、使用済みカートリッジを米国に輸入し、詰め替えを行った後に販売した。

ＬＩＩはこれらの詰め替え業者を特許侵害で提訴した。詰め替え業者の多くはＬＩＩからの和解条件を受け入れて和解したが、インプレッション・プロダクツ社（ＩＰＩ）は和解条件に合意せず裁判を継続した。ＩＰＩは裁判で、ＬＩＩのカートリッジ販売によって、国内・国外共に特許権が消尽したと主張した。

地裁は、国内販売のカートリッジについてはＩＰＩの消尽論を認めたものの、外国販売のカートリッジについては関連特許の消尽を認めなかった。控訴を受けた特許高裁は、この事案を裁判官全員が参加する大法廷で審理し、その結果、国内および国外共に特許は消尽しないとしてＬＩＩ勝訴の判決を下した。事件は連邦最高裁判所に上告された。

連邦最高裁は特許高裁の判決を破棄し、ロバーツ首席裁判官はその理由を法廷意見の中で次のようにのべている。[4]

（1）国内販売の廉価版カートリッジ

消尽は、特許権者が特許製品の販売を決めた時点で発生する。消尽の発生は、販売製品に付帯する禁止事項の有無に影響されることはない。特許消尽の原則により、特許の排他権が制限されているため、特許権者が消費者との間で製品利用や再販売を規制する契約を結んでも、その契約を根拠に特許権を行使することはできない。

消尽論とは、（販売品の）譲渡禁止を認めないコモンローの原則に特許権を服従させるための道具である。特許法には、製品使用を規制するための根拠規定がないので、消尽論の規制を認めることはコモンローの原則に背反する。議会はこれまで特許法を何度となく改正してきたが、それは特許権の譲渡禁止を排除するために行われたものであり、それが消尽理論に反映されている。本法廷はこのことを先例（クアンタ対ＬＧ電子事件）で示している。

特許高裁は、消尽論を特許侵害法理の枠の中で解釈している。だから特許権者の許可なく特許製品を使用・再販売することは禁止されると解釈したのであろう。特許高裁は、全ての権利を放棄する必要はないと説明しているが、そのような考え方は誤りである。消尽論は、特許権者の権利範囲を制限するものである。特許法は特許権者に排他権を与えているが、消尽論はそれとは区別して考えなければならない。消費者が特許製品を使用、販売、輸入できるのは、特許製品に所有権が付着しているからであって、特許権者から使用や再販売の「許可」を得たためではない。

（2）外国で販売されたカートリッジ

外国で販売・使用されたカートリッジを、ＩＰＩが米国内に輸入しても、ＬＩＩは特許侵害で訴えることはできない。国内の販売と同様、外国での販売により特許権が消尽しているからである。

ＬＩＩは、外国での販売が特許権の属地主義に鑑みて消尽を発生させないと主張する。そして、属地主義の下で特許製品の内外価格を同じにすることはできないので、国内法に基づく報酬が保障されない以上、外国での消尽を認めるべきではないと主張する。しかし、消尽は特許付与に対する明確な制限であり、それは特許権者が製品を適正価格で手放すことを決意した時点で発生する。外国では特許製品を国内と同じ価格で販売することはできないかも知れないが、それは特許法の問題ではない。特許法は単に特許権者がある価格での「報酬」を受けることを保障しているに過ぎない。

商品は市場を自由に移動できる。そのような商品の移動を特許権によって制限しようとすることは、譲渡禁止を認めないコモンローの原則に反する。それをさせないために消尽論が必要なのである。

消尽論にとって、商品が販売された時の条件や制限、それがどこで販売されたかなどは関係がない。消尽論は、特許権者が販売を行うと決めた時に発生するのである。

代表的な特許高裁判決

本章では、主に連邦最高裁の消尽論に関連する判例を取り上げている。しかし、特許高裁の判決の中にも重要なものが少なくない。その中から二件の事件を取り上げて、本章のまとめとしたい。具体的には、不争条項付の和解契約の下で行われた販売でも、特許消尽が生じるかどうかが争われた「トランズコア対エレクトロニック・トランズアクション事件」（二〇〇九年）と、消尽論がデザイン特許にも及ぶかどうかが争われた「オートモーティブ・ボディー・パーツ業界対フォード事件」（二〇一九年）の二件である。

①　不争条項付の和解契約の下での販売

最初の「トランズコア対エレクトロニック・トランズアクション事件」の原告トランズコアは、高速道路の自動料金収受システムに関する特許権者である。トランズコアはこの事件に先立ち、マーク・Ⅳ・インダストリーズ（以下、マーク・インダストリーズ）を侵害で連邦地裁に訴え、結局、和解が成立し、事件は取り下げられた。和解契約の下で、マーク・インダストリーズが四五〇万ドルをトランズコアに支払い、トランズコアが同特許を権利行使しないことを約束していた。

被告のエレクトロニック・トランズアクション・コンサルタンツ（ETC）は、マーク・インダストリーズが製造した設備を使用したシステムの導入契約を州の交通当局との間で結んだ。この契約では、州当局が和解契約の下でマーク・インダストリーズが製造した設備を購入することになっていた。マーク・インダストリーズが州当局の事業に参入することを知ったトランズコアは、ETCを特許侵害で提訴。ETCは、マーク・インダストリーズとの和解契約の下での製造・販売により、係争特許は消尽したとして、非侵害の略式裁判を求める申立てを行った。地裁は、ETCの申立てを認め、特許が消尽したと判決した。

特許高裁も、マーク・インダストリーズから州当局に販売された設備は、和解契約のもとでの正規販売であると認定し、特許の消尽を認め、当該特許を行使することはできないと判決した。特許高裁は、裁判を起こさないとの和解条件は、特許権を行使しないという将来の行為に対する合意であり、侵害紛争の和解に適用され侵害責任の免除を含む、との解釈を明らかにした(5)。

トランズコア事件でETCに行使された特許はトランズコアとマーク・インダストリーズとの間の和解の後に認下されたものであり、マーク・インダストリーズに行使され、和解契約に至った特許を包含するものであった。そのため、特許高裁は、マーク・インダストリーズに許諾された権利を実施するためには後発特許の実施が必要となるため、後発特許により先発特許のライセンスが反故にされることはないと解釈したものである。

② デザイン特許への適用

デザイン特許の消尽論が争われたのが「オートモーティブ・ボディー・パーツ協会対フォード・グローバル・テクノロジーズ事件」（二〇一九年）である。[6] この事件での論点は、通常の特許に関する消尽理論をデザイン特許に適用できるか、という法律問題であった。

フォード・テクノロジーズは、ピックアップトラックのボンネットおよびヘッドライトに関するデザイン特許二件を所有していた。自動車用交換部品を扱うオートモーティブ・ボディー・パーツ協会（ＡＢＰＡ）は、フォード・トラック用の交換部品としてフォード製ではない非正規の部品を販売していた。フォードは、所有するデザイン特許が侵害されたとしてＡＢＰＡを提訴した。

提訴受けたＡＢＰＡは、デザイン特許二件の無効確認を求める訴訟を地裁に起こした。その理由として、デザイン特許でカバーされている部品が市販されたフォード・トラックに搭載されているので、当該デザイン特許が消尽したとする消尽論をあげた。地裁は、判例に基づき、ＡＢＰＡの消尽論を退けた。その判例は一九世紀のもので、特許部品を包含する物品についてのものであった。[7] ＡＢＰＡはこの判決を不服として控訴。控訴理由として、判例により物品の販売により部品特許は消尽するため、本件でも非正規の交換部品による修理・交換は特許侵害にならないとする消尽論を挙げた。特許高裁は、ＡＢＰＡの主張を退け、地裁の判決を支持した。

特許高裁は、対象が通常の特許かデザイン特許かで消尽論の適用を変えた判例はないと判示した。引用された判例は、編み機が縫い針をふくむ多数の部品から構成される製品で、本件のように多数の部品からなる車両（トラック）と共通するとして、通常の特許に関する判例をデザイン特許に適用して問題はないと判示した。

（1）United States v. Univis Lens Co., 316 U. S. 241 (1942). なお、本件は、地裁判決に対する連邦最高裁への直接上訴（direct appeal）が認められたため、控訴裁ではなく最高裁がいきなり終局判決を下している。直接上訴については、その後上告のハードルが高くなり、社会的影響の大きい事件で、地裁判事三名のパネル判決にだけ認められるよう規則が変更された。

（2）Quanta v. LG Electronics, 553 U.S. 617 (2008)

（3）Bowman v. Monsanto Co., et al. 569 U. S. 278 (2013)

（4）Impression Product Inc. v. Lexmark International Inc. 581 U.S. 1523 (2017)

（5）TransCore, LP et al v. Electronic Transaction Consultants Corp., 563 F.3d 1271 (Fed. Cir., 2009)

（6）Automotive Body Parts Association v. Ford Global Technologies, LLC., 930 F.3d 1314 (Fed. Cir., 2019). この判決に対してABPAは二〇二〇年二月、連邦最高裁判所に上告した。本章執筆時点（二〇二〇年一〇月末現在）、連邦最高裁がそれを受理したかどうかは不明である。

（7）Aiken v. Manchester Print Works, 1 F. Cas. 245 (C.C.D.N.H. 1865). この判決では、ミシン機の購入者がミシン針を交換することが特許侵害になるかどうかが争われた。

第九章　権利消滅後の特許料支払い（特許ライセンス）

特許ライセンスの法律問題は基本的に契約問題である。米国の契約問題は州法を適用して解決されるが、契約条件が市場競争を阻害するおそれがある場合には連邦法である反トラスト法が適用される。しかし、特許ライセンス契約に適用される反トラスト法上の基準は、時代とともに大きく変化している。例えば、特許ライセンスでの違法な権利行使の類型は、二〇世紀前半に定められ、その類型に属するものはすべて違法（「クロ」）とされた。代表的なものが「禁止九項目」（Nine No-No's）と呼ばれるもので、「抱合せ条項」、「グラント・バック条項」、「再販売の制限」、「競合品の取扱い制限」、「排他的ライセンス条項」、「一括ライセンス条項」、「不当なロイヤルティ」、「特許製品の用途制限」、「販売価格制限」――である。これらは、「当然違法」（per se illegal）とされ、これらの条項を含む契約は問答無用でクロとされていた。

しかし、二〇世紀後半になると当然違法の項目は徐々に減少し、違法かどうかの判断は、事案毎に市場競争を阻害するかどうかを判断して決定されるようになる。その判断の基準が「合理の原則」（rule of reason）と呼ばれるもので、反トラスト法違反の有無を判断する際の有力な基準である。今日では、当然違法とされる項目は極めて限定されており、価格固定など「ハードコア・カルテル」と呼ばれる市場競争への影響が明らかなものだけとなっている。

●ガイドラインの指針と判例変更

米司法省（ＤＯＪ）と連邦取引委員会（ＦＴＣ）は二〇一七年一月、「知的財産ライセンスのためのガイドライン改正案」を発表した。この改正案は、一九九五年に公表されたガイドライン（「一九九五年ガイドライン」）の内容の一部変更を提案するものであった。

一九九五年ガイドラインは、反トラスト法執行当局が事業者の行為を反競争とみなすかどうかを、事例を用いて解説したもので、「反トラスト法との関係で知財を特別扱いしない」、「知財の市場支配力を推定しない」、「知財ライセンスは競争促進的である」という三つの原則が掲げられている。そこでは、違法性の判断基準は当事者の行為の合理性におかれている。

一九九五年ガイドラインが発表された後、ＦＴＣは知的財産権と反トラスト法の関係についての新しい解釈や方針を報告書（FTC Report）の中で示している。例えば、二〇〇三年版報告書、二〇〇七年版報告書、二〇〇九年版報告書、二〇一一年版報告書などである。しかし、連邦最高裁判所が「市場支配力の認定基準」および「価格固定の違法性基準」についての判例を変更したため、一九九五年ガイドラインの関連事項を改める必要が生じていた。それが前出の二〇一七年の改正案の背景にあった。

市場支配力の認定基準が変更されたのは「イリノイ・ツール・ワークス事件」連邦最高裁判決（二〇〇六年）である。従来、特許の保有は市場支配力を推定させるため、判例上、特許権者による抱合せ規定は違法とされてきた。しかし、イリノイ・ツール・ワークス判決により、違法性の判定基準が「当然違法の原則」から「合理の原則」に変更された。[1] この判決については本章の後段で詳述する。

学説や競争政策は、抱合せの違法性を合理の原則で判断する意向をすでに表明していた。しかし、連邦最高裁の判例により抱合せが当然違法とされていたため、ガイドラインで合理の原則を判断基準とすることはできなかった。そのため、連邦最高裁の判例変更に併せて、ガイドラインで特許の所有そのものは市場支配力を推定させないことを明らかにしたものである。

価格固定の違法性の判断基準については「リーギン・クリエイティブ・レザー・プロダクツ事件」の最高裁判決（二〇〇七年）で判例が変更された。これまでの判例は、小売店に対する販売価格上の垂直的規制を当然違法としていたが、それが見直され、小売店に対する再販価格固定の違法性を「合理の原則」で判断するとされた。[2]

特許満了後のロイヤルティ支払義務は当然違法である

ライセンス契約で実施許諾された特許の権利満了後は、ライセンシーは当該特許に対するロイヤルティの支払義務がない。これは「ブルーロッテ対タイズ事件」の最高裁判決（一九六四年）で確立した判例である。

この事件で争われたのはホップ収穫用機械に関する複数の特許である。特許保有者であるタイズ社は、ホップ収穫期毎に五〇〇ドルか収穫済乾燥ホップ二〇〇ポンドあたり三ドル三三セントのいずれかのロイヤルティ支払いを条件にして、関連特許のライセンスをブルーロッテ社に許諾した。契約では、特許ライセンスの再譲渡や許諾地域外への許諾製品の持ち出しは禁止されていた。

ライセンスされた一二件の特許のうち、実際にホップ収穫用機械に使用されていたのは七件で、それらはすべて一九五七年に特許権が満了した。しかし、契約上、ロイヤルティの支払義務は特許満了後も継続していた。そのためブルーロッテはロイヤルティ支払いを拒否。タイズ社はブルーロッテが特許ライセンス契約に違反したとしてワシントン州の州裁判所に提訴した。

裁判でのブルーロッテの主張は、特許満了後のロイヤルティ支払いが特許期間の実質的な延長にあたり、それは特許権の濫用にあたるというもの。しかし、州裁判所はその主張を受け入れず、特許満了後であってもライセンス契約に基づくロイヤルティの支払義務は存続すると判決した。ブルーロッテはこの判決を不服として州の上級裁判所に上訴。州の上級裁判所はライセンス契約の規定の合理性を認め、特許満了後のロイヤルティ徴収は違法ではないと判決した。

この判決を不服としてブルーロッテはさらに連邦最高裁判所に上告。連邦最高裁は、特許満了後のロイヤルティ支払義務は違法であるとし、ワシントン州の上級裁判所の判決を破棄した。

連邦最高裁は判決理由を以下のように説明した。

特許ライセンス契約の目的は、州の上級裁判所が認定したような限定的なものではない。ライセンス料は定額であり、各年のロイヤルティ支払いはその年の特許実施に対するものである。特許満了後のロイヤルティ支払いは、特許満了後の許諾製品の使用に対する支払いであって、特許満了前の実施に対する支払いではない。特許ライセンス契約では特許権の失効後の許諾製品の譲渡や移動も禁じている。これらの制限は、特許による排他権を、法定期間を超えて保護しようとするものである。したがって、州の上級裁判所の判決には誤りがある。

この事件でブルーロッテは、特許満了後のロイヤルティ支払いは特許の権利期間内に発生したライセンス料の「後払い」であると主張した。つまり、この問題は州法が適用されるべきもので、連邦法である反トラスト法を適用すべきではないという主張である。しかし、連邦最高裁は、以下のように述べてその主張を退けている。

特許は合衆国全域を対象にするものであり、いかなる理由であってもその権利が切れた後に排他権を延長することはできない。本件では、特許満了後のライセンスやロイヤルティの扱いについて何ら区別しておらず、このことからも特許満了後も権利期間中と同じ契約条件を執行しようとする意図があったことは明らかである。特許権者が特許満了後もライセンシーからロイヤルティ支払いを求めることは当然に違法である。(3)

ブルーロッテ判決は市場実態にそぐわないとする批判がある。(4) 法廷意見はその事実を認めたものの、先例の「スコット・ペーパー事件」（一九四五年）(5)を引用して、特許満了後のロイヤルティ支払いを違法とした。

スコット・ペーパー事件では、被告による非侵害の主張が禁反言にあたるかどうかが争われた。職務発明の発明者が特許を勤め先に譲渡し、退職後に類似の製品を製造・販売したため、元勤め先から特許侵害で訴えられた事件である。被告（職務発明者）は、被疑製品の基本構成が失効した公知特許をモデルとしたもので、職務発明の幾つかの要素が追加されているものの特許侵害にはならないと主張した。

下級審は職務発明者が自らの発明についての権利範囲を争うことは禁反言（estoppel）にあたるとして、被告の主張を退け特許侵害を認めた。しかし、連邦最高裁は、失効した特許発明は公共財となり、だれでも自由に利用できるものであり、その公共財を特許に取り込むことは許されないという原則論を判示した。ブルーロッテ判決はその原則論を根拠にしたものである。

先例拘束の原則は優先されなければならない

ブルーロッテ判決に対する批判を背景にして争われたのが「キンブル対マーベル・エンターテインメント事件」である。この事件で、許諾特許の権利満了後のロイヤルティ支払義務の違法性が争われ、連邦最高裁は二〇一五年、ブルーロッテ事件の判例を維持した。

キンブルは、クモ糸状の泡を放出できる手袋玩具に関する特許出願を行い、一九九〇年に特許が認められた（スパイダー特許[6]）。マーベル・エンターテインメント社（以下、「マーベル」という）はスパイダーマンなどのコミック本のキャラクター人形を製造・販売していた。

スパイダー特許が認められる前に、キンブルは特許出願に関わる権利の売却交渉をマーベルとの間で行った。キンブルは、この交渉の席で、スパイダーマン人形の手袋からクモ糸状の泡を放出させるアイデアをマーベルに伝えた。しかし、特許出願の売却交渉はまとまらなかった。

スパイダー特許の発行後、マーベルがスパイダーマンの動きをまねた玩具「ウェブ・ブラスター」を製作・販売したため、キンブルはマーベルをスパイダー特許を侵害するとして連邦地裁に提訴した。その後、両者間に和解が成立し、マーベルはウェブ・ブラスターとその類似商品の過去の販売分として約五〇〇万ドルを契約締結時に支払い、将来分のロイヤルティとして製品販売額の三%を支払うことに合意した。スパイダーマン特許は二〇一〇年に満了した。

特許満了後のロイヤルティ支払義務は反トラスト法上当然違法となることを知ったマーベルは、ブルーロッテ判決を根拠にしてアリゾナ州の連邦地裁にロイヤルティ支払停止のための確認判決を求めた。アリゾナ地裁は、特許満了後のロイヤルティ支払義務を無効とする判決を下した。しかし、キンブルはこの判決を不服として第九巡回区控訴裁（カリフォルニア州を含む西部地区・太平洋地区の一〇州を管轄）に上訴。同控訴裁はブルーロッテ判決に不合理な点があることを認めたものの、結局は地裁判決を支持した。

キンブルはこの控訴審判決を不服として連邦最高裁に上告。連邦最高裁は二〇一五年、「先例拘束の原理」を尊重し、特許満了後のロイヤルティ支払いを違法とした。

法廷意見を執筆したケイガン裁判官は、判決理由を次のように述べている。

先例であるブルーロッテ判決は、特許の権利満了後にロイヤルティの支払いを求めるライセンス契約は反トラスト法上「当然違法」であるとした。特許の権利期間を延長させることになるからである。それは、特許の権利が満了すれば、特許は公共の所有物となるという特許法の原則に反するからである。

「先例拘束の原則」は法の支配の基盤であり、先例を変更するときには慎重さが求められる。たしかに、この原則により誤った判決に拘束される場合もあろう。しかし、単に誤りがあるというだけで定着した先例を葬り去ることはできない。先例を変更するためには正当化のための理由が必要となる。

ブルーロッテ判決に誤りがあるとすれば、その誤りを正すのは連邦議会の役割である。これまでに連邦議会がブルーロッテ判決を変更する機会は何度もあった。しかし、いまだに変更が実現されていない。また、ブルーロッテ判決の「当然違法」ルールを「合理の原則」ルールに変えるための法案も出されたがいまだに成案となっていない。本件のように財産法（特許法）と契約法（特許ライセンス契約）という二つの法領域が重なる場合には、先例拘束の原則を優先しなければならない。(7)

上記のケイガン裁判官の執筆した法廷意見に対し、アリート裁判官は、特許満了後のロイヤルティ支払いの目的と効果について誤解があるとして、次のように批判している。

本件の経済原理は単純である。ロイヤルティの支払い期間を延長すれば、ロイヤルティ支払いが長期に分散され、結果として特許期間中の支払額の比率を相対的に低く抑えることができることである。このような支払い延長方式が望ましく、競争促進につながるのは、大学や病院など研究開発の期間が長期にわたり、しかも商品化するまでに時間がかかる場合である。このような場合には、支払い期間を長期にして一回あたりの支払い額を低くするのが望ましいのは明らかである。しかし、ブルーロッテ判決はこのような効率的な支払い方式を採ることを難しくしている。

●ライセンシーは許諾特許の無効を争うことができる

ライセンシーが特許ライセンス契約で許諾された特許の無効を争うことができるかどうか争われたのが「メドイミューン対ジェネンテック事件」である。連邦最高裁判所は二〇〇七年、ライセンシーがライセンス契約を破棄せずに許諾特許の無効を争うことができることを確認した。

この事件は複雑な事実関係をもつが、概要を略述すると以下のとおりである。ジェネンテックは出願中のものも含めた特許をメドイミューンにライセンスした。出願中の特許が成立したのでジェネンテックは、新特許に対するロイヤルティ支払いを求めた。メドイミューンは、新特許の無効可能性が高く、ロイヤルティ支払いは不要と考えたが、裁判になった場合のリスクや故意侵害による三倍賠償のリスクを考えてロイヤルティ支払いの求めに応じた。その上で、新特許の無効確認訴訟を地裁に提起した。

裁判でジェネンテックは、「ゲン・プローブ事件」での特許高裁判決（二〇〇四年[8]）を引用して、ライセンス契約の当事者間には「実質的な争い」が存在しないので裁判を起こす理由がないとして無効確認訴訟の棄却を求めた。地裁はこの主張を受け入れ、ライセンス契約が存在する以上、メドイミューンには提訴される懸念はないので争訟要件を欠くとして確認訴訟を棄却した。

メドイミューンはこの判決を不服として特許高裁に控訴したが、特許高裁は地裁判決を支持。そのため、メドイミューンはさらに連邦最高裁判所に上告した。連邦最高裁は、ライセンシーが許諾特許の無効・非侵害の確認訴訟を提起するために、既存のライセンス契約を解約する必要はないとして、特許高裁の判決を破棄し、事案を差し戻した(9)。

法廷意見を執筆したスカーリア裁判官は、判決理由を以下のようにのべている。

ジェネンテックは、当事者が一九九七年にライセンス契約を結んだ時点で紛争は解決されたと主張する。つまり、ライセンス契約の下で裁判を起こされることはないという保険を手に入れたことになる、という主張である。……仮に特許が有効であるとしても、このジェネンテックの主張は成り立たない。なぜならば、メドイミューンの確認訴訟は、特許を侵害していないこと、ロイヤルティ支払いが不要であること――の裁判所による確認を求めるものであるからだ。

ジェネンテックは、特許ライセンス契約があるため提訴される恐れのないメドイミューンが、許諾特許の無効を争うことはコモンロー上できない、と主張する。しかし、本件にコモンローをどのように適用するかは難しい問題である。敢えていえば、本件の契約は、特許の有効性を争うことを禁止するものではなく、非侵害の製品にまでロイヤルティの支払いを求めるものでもない(10)。

●特許侵害の立証責任はライセンサーにある

米国では侵害で訴えられた場合やその懸念がある場合、対象特許の無効や非侵害の確認を求める訴訟を起こして対抗することができる。その場合にだれが侵害立証責任をもつかが争われたのが「メドトロニック対ミロウスキー・ファミリー事件」である。連邦最高裁判所は二〇一四年、立証責任は特許権者にあることを確認した。

ミロウスキー・ファミリーは、埋め込み式ペースメーカーに関する特許を複数所有し、医療機器の設計、製造、販売を行っている。メドトロニック社は、ペースメーカー特許のライセンシーである。[11]両者間のライセンス契約（一九九一年締結）では、ライセンシーの他の製品が特許侵害となる場合、ライセンサーはライセンシーにその旨の通知を行い、ライセンシーは、①追加ロイヤルティを支払う、②特許無効の確認訴訟を起こす――のいずれかを選択できると規定されていた。

両者は二〇〇六年に別契約を結び、ライセンサーから侵害通知を受けたライセンシーが特許無効の確認訴訟を起こした場合には、ライセンシーが「エスクロー口座」を開設し、そこに被疑製品のロイヤルティ相当分を振り込むことに合意した。そして、エスクロー口座に振り込まれたロイヤルティは、勝訴した当事者が受け取ることになっていた。

ライセンサーは二〇〇六年、ライセンス契約に基づき、ライセンシーの製品が特許に侵害する旨を通知した。ライセンシーは当該特許の無効確認訴訟を提起した。その一方で、ライセンス契約に基づき、被疑製品に対するロイヤルティをエスクロー口座に振り込んだ。地裁は、侵害の立証責任がライセンサーにあり、その立証がなされなかったとして、ライセンサー敗訴の判決を下した。ライセンサーは特許高裁に上訴。特許高裁は、通常の場合には特許権者に立証責任があるが、本件の場合にはライセンス契約で侵害訴訟の提起が制約されているので侵害の立証責任はライセンシーに移ると判決した。

ライセンシーはこの判決を不服として連邦最高裁判所に上告。連邦最高裁は、特許高裁判決を破棄し、事案を差し戻した。[12]

全員一致の法廷意見の中でブライアー裁判官は、その理由を次のように述べている。

特許権者が存続中のライセンス契約に拘束され訴訟を起こせないため、特許高裁は、特許権者の立証責任が転嫁されると解釈した。しかし、これは法律的に正当化できない解釈である。本件の場合、ライセンシーの新製品が特許を侵害すると警告したことで紛争が生じた。そのような場合に、なぜ特許権者の立証責任が放免されるのか納得のゆく理由が示されていない。常識的に考えて、良好な特許制度を維持することが公共の利益につながるという考え方からすれば、通常のルールを変え、立証責任を転嫁する必要はない。

●特許の所有は市場支配力を推定させない

市場支配力の認定基準については、特許保有により市場支配力が推定されるとして、抱合せ規定の違法性が判断されていた。しかし、その判定基準を「合理の原則」によることを明らかにしたのが前出の連邦最高裁の「イリノイ・ツール・ワークス判決」(二〇〇六年)である。[13]

この事件でイリノイ・ツールは、自社製造のプリンターをOEMメーカーに販売していた。プリンターはプリントヘッド(特許品)、インク容器(特許品)そして特製インク(非特許品)の三つの要素から構成されていた。OEMメーカーは、購入したプリンターに、イリノイ・ツール製インクを使用することが契約で義務づけられていた。

インデペンデントがイリノイ・ツール製インクと同一組成のインクを開発し、それを販売したため、イリノイ・ツールは特許侵害の容疑で提訴したが、地裁はその訴えを略式判決により退けた。そのためインデペンデントは、特許の非侵害・特許無効の確認判決を求める訴訟を起こし、さらに、イリノイ・ツールによる抱合せは反トラスト法に違反するとの主張を行った。

特許高裁は連邦最高裁の抱合せ判例に基づき、地裁の略式判決を破棄した。原告はこれを不服として連邦最高裁判所に上告。連邦最高裁は二〇〇六年、特許権者に市場支配力を推定するとした特許高裁の判断を破棄し、事件を特許高裁に差し戻した。この判決で連邦最高裁は「市場支配力の推定」を明示的に否定し、反トラスト法違反を訴える当事者が特許権者の市場支配力を立証すべきであると判示した。

法廷意見を執筆したスティーブンス裁判官（写真）はその理由を以下のように述べている。

市場支配力の推定の根拠は、インタナショナル・ソールト事件（一九四七年）を契機として、特許法から反トラスト法に移行した。同判決で当法廷は、特許品のリース条件として非特許材料を購入することを義務付けることがシャーマン法一条及びクレイトン法三条に違反するとした。この判決では、市場支配力や特許濫用については具体的に検討せずに、リース契約の影響が「重大ではないとは言えない」ことを根拠に、この種の取り決めは独占につながる傾向があると指摘した。

スティーブンス裁判官

当法廷が特許品による市場支配力の推定を反トラスト法に導入したのは明らかである。当時、連邦政府は特許濫用問題をシャーマン法の問題として審理することを求めており、当法廷はその時代の政府の要請に応えたのである。その後、当法廷は、インタナショナル・ソールト事件を引用して、特許による抱合せは当然違法となる反競争的行為の一例であると判示した。その後の事例でも特許品の市場支配力を認めている。

しかし、その後に状況が変化し、一九九五年のガイドラインでは、知的財産権によって市場支配力は生じないことが明記された。これは経済学者も認めるところである。従って、我々もその意見に同意する。

●イリノイ・ツール事件を最高裁はなぜ取り上げたか

特許の抱合せ問題は一九世紀半ばに米国で顕在化した。特許を所有する企業の市場独占のための手法として、パテントプールや抱合せが多用されていたことがその背景にあった。当時、このような行為を規制するのは州法であったが、州法は特許による合衆国全土におよぶ排除行為には無力であった。そのため、シャーマン法（一八九〇年）、クレイトン法（一九一四年）、連邦取引委員会法（FTC法、一九一四年）などが相次いで制定され、連邦反トラスト法の骨格が構成された。

このような経緯もあって、初期の連邦最高裁判決は、抱合せをほぼ無条件にシャーマン法の違反と断定している。そのような連邦最高裁の態度を特許高裁は、「（抱合せを）極度に敵視する」と表現している。連邦最高裁の抱合せに対する敵視は、イリノイ・ツール事件の法廷意見で引用されたインタナショナル・ソールト事件[14]やロウズ事件[15]にも見られる。

特許の抱合せは、優越的な地位にあるライセンサーによりライセンシーに強制されることが多い。そのため競争当局は抱合せを競争制限的であるとして規制し、ライセンス契約の中に抱合せ規定を盛り込むこと自体が当然違法であるとした。このような抱合せに対する規制は、六〇年代と七〇年代にピークを迎えた。

しかし、従来のライセンス規制も八〇年代に入ると次第に緩和され、経済的合理性によってその違法性を個別に判断する基準に移行するようになる。それが、一九九五年の『知的財産ライセンスのためのガイドライン』で発表され、その中で「特許、著作権または企業秘密が所有者に市場支配力をもたらすとは推定しない」ことが明らかにされたのである。

キンブル事件の背景にある「議会の沈黙」

特許法を含む制定法の解釈において、裁判所は先例の変更には慎重である。その理由の一つが、「議会の沈黙」という解釈である。この解釈論によれば、連邦議会が裁判所の法解釈に不満があれば、法改正によって不満を取り除くことができる。連邦議会が法改正に着手しないのは、議会が「沈黙」するためであり、その沈黙は、裁判所の解釈を議会が支持していることを推定させる。そのような推定が可能な場合、その法解釈を最高裁が改めて解釈し直すと連邦議会の立法権に干渉することになる[16]。

キンブル事件で先例の変更が退けられた理由は、特許権の存続期間を定めた規定の重要性は何ら希釈されていない、ブルーロッテ判決は実務上の利便性が高くこれをあえて費用のかかる「合理の原則」に変える必要はない――の二つであった。

最初の理由は特許法一五四条（特許の有効期間）に言及したものである。しかし、それが本件で問題となっている特許満了後はだれでも自由に特許発明を使用できるとする制度趣旨とどう論理的に関連するのかはっきりしない。特許制度は一般に発明を公開させるための条件として発明者に有限の排他権を認めることを制度趣旨にしていることを考えれば、一五四条を根拠にして特許満了後の行為の違法性を判断するのはむしろ逆転した解釈と言えるのではないだろうか。

二番目の理由についても、現在の特許ライセンス契約の実務では特定の契約条項の有無でもって反トラスト法違反を判断することはあり得ないことを考えれば、実務上の利便性が高いという指摘は安直に過ぎるかも知れない。

本件で反対意見は、ブルーロッテ判決自体、表面上特許問題を争点にしているがその本質は反トラスト法の問題であるとの理解に立ち、先例拘束の原則に縛られる必要はないと主張する。従って、本件でも反トラスト法の場合と同じように裁判所の判例法形成の観点から判断すべきであり、先例変更は議会ではなく連邦裁判所が果たすべきであるとする。この反対意見は、ロバーツ・コートの特徴を表しているともいえよう。

（1）Illinoi Tool Works, Inc. v. Indep. Ink, Inc., 547 U.S. 28 (2006). 本件の判決文の全文訳と評釈は早稲田大学比較法研

究所『比較法学』（第四十一巻第一号、二二八—二三八頁）に掲載されている。全文が左記のウェブサイトから閲覧できるので参照されたい。

https://www.waseda.jp/folaw/icl/assets/uploads/2014/05/A04408055-00-041010228.df

（2）Leegin Creative Leather Products v. PSKS, 551 U.S. 877 (2007). 本件の判決文の全文訳と評釈は早稲田大学比較法研究所『比較法学』（第四十二巻第二号、二九〇—二九七頁）に掲載されている。全文が左記のウェブサイトから閲覧できるので参照されたい。

https://www.waseda.jp/folaw/icl/assets/uploads/2014/05/A04408055-00-042020289.pdf

（3）Brulotte v. Thys Co., 379 U.S. 29 (1964)

（4）これらの批判は、裁判所に対する意見書（アミカス・キュウリエ）やその他の文献に見られる。第七巡回区控訴裁判所のリチャード・ポズナー判事は、シュナイダー事件（Scheiber v. Dolby Lab., 293 F.3d 1014 (7th Cir. 2002)）で「ブルーロッテ判決は学者のみならず実務家からも批判されている」と指摘している。(Wei-Lin Wang, A Study on the Legality of Royalty Collection Clauses after Expiration of Patent Rights, 15 J. MARSHALL REV. OF INTELL. PROP. L. 213, 219 (2016))

（5）Scott Paper Co. v. Marcalus Mfg. Co., Inc., 326 U.S. 249 (1945)

（6）合衆国特許五、〇七二、八五六号（一九九一年一二月一七日発行）。第一クレームは以下の内容を請求する。「容器と調整弁を備えた泡導出管をもつ三つの要素（圧力体、手袋および指で調整弁を収納・作動させるホルダー）から構成される糸状の泡を放出するおもちゃの手袋であって、泡が無くなったときに交換可能なように分離できる二つのユニットから構成された手袋。」

（7）Kimble v. Marvel Entertainment, LLC, 576 U.S. 446 (2015). 本件の判決文の全文訳と評釈は早稲田大学比較法研究所『比較法学』（第五十巻第二号、二〇一六年、二一一—二二二頁）に掲載されている。全文が左記のウエブサイトから閲覧できるので参照されたい。

https://www.waseda.jp/folaw/icl/assets/uploads/2014/05/A04408055-00-041010228.df

（8）Gen-Probe Inc. v. Vysis, Inc., 359 F.3d 1376 (Fed. Cir. 2004)

（9）特許高裁は二〇〇七年、サンディスク事件（SanDisk v. STMicroelectronics (Fed. Cir. 2007)）. で、クロスライセンス契約のための交渉が継続中であっても、実質的な「争い」は無かったと認定した。この判決は、原告適格のハードルを下げた判例として知られている。

（10）MedImmune, Inc. v. Genentech, Inc., 549 U.S. 118 (2007)

（11）実際には、ミロウスキーはイーライ・リリーに排他的ライセンスを許諾し、排他的ライセンシーであるイーライ・リリーがメドトロニックにサブライセンスを許諾したものであるが、本章では事実関係を簡明にするため、特許権者のミロウスキーをライセンサー、メドトロニックをライセンシーとして表記する。

（12）Medtronic, Inc. v. Mirowski Family Ventures, LLC, 571 U.S. 191 (2014)

（13）本章前出。

（14）International Salt Co. v. United States, 332 U.S. 392 (1947)

（15）United States v. Loew's Inc., 371 U.S. 38 (1962)

（16）このような解釈は形式論であって合衆国最高裁の多数意見になっていないとの見解も存在する。（例えば、宮原均「先例拘束についての一考察—アメリカにおける先例拘束理論の歴史的形成—」（『中央ロー・ジャーナル』一一巻三号、九〇—九一頁、二〇一四年、参照。）

第一〇章　特許法と周辺法との関係

本章では、最初に、政府資金の助成を受けた発明の帰属をめぐり争われた「スタンフォード大学対ロッシュ・モレキュラー・システム事件」を取り上げる。この事件は、特許法に盛り込まれた「バイドール法」をめぐるもので、必ずしも周辺法とは言い切れない。しかし、特許制度の目的である発明の振興に大きく寄与した制度改革であり、その導入経緯にも触れつつ、本章で紹介することとする。

その他、特許庁長官を相手取って民事救済を求めた「カポス対ハイアット事件」での条文解釈、特許裁判地をめぐる「ハートランド対クラフトフード事件」、特許侵害訴訟を提起する時効問題を争った「ＳＣＡハイジーン・プロダクツ対ファースト・ベイビー・クオリティ・プロダクト事件」、そして最後に後発医薬品をめぐる反トラスト法問題を争った「ＦＴＣ対アクタビス事件」を取り上げる。

●公的援助を受けた研究から生まれた発明の帰属

連邦議会は一九八〇年、合衆国政府の資金援助を受けた研究から生まれた発明の利用を促進するため「一九八〇年アメリカ合衆国特許商標法改正法」（バイドール法）を制定した。政府資金によって大学が研究開発を行った場合、成果物に対する特許権はそれまで政府に帰属していたが、それを改め、大学側や研究者に特許権を帰属させる制度にしたものである。関連規定は、特許法二〇〇条〜二〇二条として盛り込まれた(1)。

バイドール法は、政府の資金援助を受けた発明を、「契約者による発明であって、資金供給契約に基づく業務の実行中に着想されたかまたは初めて実施されたもの」と定義する。そして対象発明についての権限を、契約者が保有するかどうかの選択に委ねている。

カリフォルニア州の研究開発型企業であるシータス社は一九八五年、ヒト免疫不全ウイルス（HIV）の感染レベルを測定する方法の研究開発をはじめた。同社の研究開発は、ノーベル賞を受賞した「ポリメラーゼ連鎖反応」（PCR検査法）を含むものであった。この検査法は、新型コロナ感染の検査法としても有名である。

シータス社は一九八八年、スタンフォード大学と共同研究開発契約を結び、①ホロドニ博士をスタンフォード大学から研究者として受け入れる、②同大学で新抗エイズ薬の効能試験を開始する、③研究成果と取得特許については同大学に譲渡する——ことに合意した。

その後、両者は秘密保持契約を結び、シータス社でもPCR研究ができるようになった。その条件は、シータス社のリソースを使った発明はシータス社に譲渡することであった。ホロドニ博士もそれに合意した。

また、シータス社とスタンフォード大学との間で、試験用のPCR検査材料と各種データをシータス社が提供するための契約（MTA）が結ばれた。MTAの下で生まれた発明については、同大学がシータス社からライセンスを受けることになっていた。

ホロドニ博士はシータス社で研究を続け、ＰＣＲ検査法を利用した血中ＨＩＶ量測定方法を発明した。この方法により、臨床医師はＨＩＶ患者に対する治療効果を確認することができるようになった。

その後ホロドニ博士はスタンフォード大学に戻り、ＨＩＶ量測定方法の改良のための研究を継続した。これらの研究にはバイドール法に基づく政府資金が充てられた。スタンフォード大学は、学内の全てのＨＩＶ研究者から関連特許の譲渡を受け、関連発明に対する特許の権利者であることを政府機関に通知した。

一方、シータス社は、診断用の血液スクリーニング事業に特化していたロッシュ・モレキュラー・システムズに、ＰＣＲ関連のすべての知的財産を譲渡した。ロッシュは、臨床実験を行いＨＩＶ試験キットの商業化に成功した。

二〇〇〇年四月から数年間、スタンフォード大学とロッシュは、特許ライセンス交渉を続けていたが、契約には至らなかった。そのためスタンフォード大学は、ロッシュを相手取り、ＨＩＶ量測定方法に関する特許の侵害訴訟を提起した。被告のロッシュは、ロッシュが係争特許の共同所有者であると主張して反論した。

地裁は、スタンフォード大学の主張を認め、バイドール法の運用規定に基づき研究助成を受けたホロドニ博士には、ロッシュに研究の成果物を譲渡する権原がないと判決した。しかし特許高裁は、譲渡を受けたロッシュを特許権者として認め、事案を地裁に差し戻した。スタンフォード大学は連邦最高裁判所に上告して争ったが、最高裁は、スタンフォード大学の主張を退け、ホロドニ博士の発明に関わる特許権はロッシュに帰属すると判決した。

ロバーツ首席裁判官は法廷意見の中でその理由を以下のように説明している。

スタンフォード大学はバイドール法の制定により、政府資金が提供された発明に関わる権利が自動的に発明者の雇用者――つまり契約者――に帰属すると主張する。たしかにかつては連邦資金の助成を受けた発明は明文で政府所有とされていた。しかし、バイドール法ではそのような記載はなく、代わりに「発明についての権原の保有を選択」できるとされている。この場合の発明とは、資金提供契約の対象となる研究において着想または最初に実施された、契約者の発明である。

スタンフォード大学は、「契約者の発明」とは、政府支援を受けた契約者の被用者がなした全ての発明であると主張する。しかし、この解釈は、二世紀にも及ぶ長い歴史をもつ、連邦議会が意図した定義［筆者注・発明に関する特許は発明者に帰属するという原則］を微妙に読み替えるものである。当法廷は、単に雇用契約を結べば被用者の発明が雇用者のものになるという考え方を否定している。資金提供契約の下で生まれた発明は定義されているので、スタンフォード大学が主張する用語解釈は皮相的である。そのように解釈するのではなく、資金提供契約下の業務の遂行中に着想又は初めて実施された、あらゆる発明をカバーすると解釈すれば意味のある定義となる。「契約者が所有する発明」または「契約者に帰属する発明」と解釈するのが自然である。

バイドール法（二一〇条（a））は、同法の目的と矛盾する形で発明の権利を処分することを要求するおそれのある法律に優先すると規定している。スタンフォード大学は、この規定が特許法の規定する「発明者が発明に関わる権利を保有する」という原則を変えるものであると主張する。しかし、バイドール法は、契約者の発明にのみ適用されるものであり、発明者の発明に関する優先された権利を変えることはない。発明が契約者に属するときのみバイドール法が関与するのである。バイドール法による権利の処分は、……既に契約者に属する連邦資金が提供された発明に対する政府と契約者の間の権利保有の優先順位を明確にしたものに過ぎない。それ以上でもそれ以下でもない。

●裁判での新証拠の提出は制限されない

特許出願が拒絶された場合、出願人は審判を求めることができる。また、審判の決定については、特許高裁で争うことができる。それとは別に、審判の決定を不服として、特許庁長官を相手取って連邦地裁に民事訴訟を提起することもできる。後者の場合、出願人は、それまでに提出されていない新しい証拠を提出しなければならない。

この司法による特許庁判断の見直しについて特許法一四五条は、管轄裁判所をバージニア東部地区の連邦地方裁判所とし、民事訴訟法上の救済を受けることができると定めている[2]。この規定をめぐり、裁判所に提出された証拠の扱いをめぐる問題が争われたのが「カポス対ハイアット事件」である[3]。

この事件では、複数のクレームから成るハイアットの特許出願が特許庁の審査官により、明細書の記載不備を理由に拒絶された。審判請求により若干のクレームが復活したものの、多くは拒絶が維持された。そのため出願人のハイアットは、連邦地裁に民事訴訟を起こし、救済をもとめた。新しい証拠として出されたのが、明細書の記載が正確であることの宣誓書であった。地裁は、行政手続法の基準である「実質的な証拠の尊重」基準を適用し、審理を特許庁の審査記録に限定し、提出された宣誓書はその対象にしなかった。地裁は、特許庁長官の勝訴判決を下した。

ハイアットはこの判決を不服として特許高裁に控訴。特許高裁は、地裁判決を破棄し、出願人が新しい証拠を提出し、それがすでに提出されていた証拠と矛盾する内容の場合には、新証拠を考慮して地裁は裁判をやり直さなければならないとする先例を適用した。事件は連邦最高裁判所に上告されたが、最高裁も特許高裁の判決を支持した。

トーマス裁判官は全員一致の法廷意見でその理由を以下のように述べた。

特許法一四五条は、地裁での裁判手続きで証拠を制限しておらず、特許庁の事実認定を見直すための基準も定めていない。それにも拘わらず特許庁長官は、行政法の背景にある原則が一四五条の新証拠の受理と司法による審理を支配すると主張する。しかし、同条に基づく司法による再審理は行政記録に限定されていない。その理由は、地裁が新しい証拠を考慮できるからだ。この点については特許庁長官も同意している。そうであるならば、事実認定者である地裁の判断に食い違いがあるときは、行政法上の尊重論を特許庁の事実認定に適用することはできない。

当法廷の先例（Butterworth v. United States, 112 U. S. 50 (1884)）によれば、一四五条の手続きに関する審理を行う地裁は、すべての考えられる証拠を考慮することができる。それは、特許庁に提出されなかった新しい証拠だけに限定されるものではない。新しい証拠の導入については、それが連邦証拠規則や連邦民事訴訟規則に準じて導入されていれば問題はない。もし地裁に提出された新証拠が争いのある事実問題に関するものであれば、地裁は、特許庁に提出された証拠とともに新証拠を踏まえて新しい事実認定を行う必要がある。

●国内法人の裁判地は法人格を有する州に限定される

連邦民事訴訟法は、被告が居住する地域、被告が侵害を行った地域または被告の事業拠点のある地域——のいずれかを特許の裁判地と規定している。裁判地についての判例は、「フォアコ・グラス事件」での連邦最高裁判決（一九五七年）で確立している。最高裁はこの事件で、民訴法一四〇〇条（b）の「居住する」という用語が設立登記された州を意味することを明らかにした。同判決で最高裁は、一般規定である一三九一条（c）の「居住」の用語を、拡張解釈して一四〇〇条（b）に適用できないと判決している。(4)

フォアコ・グラス事件での連邦最高裁判決の後、一般裁判地を定める一三九一条については何度か改正が行われ、現行規定では、被告が対人管轄権をもつ地域では法人の居住が推定されている。しかし、一四〇〇条（b）についての改正はなされていない。

米食品大手のハートランドは、インディアナ州で法人の設立登記を行い、同州に本社を置く。一部の製品はデラウェア州で販売されたが、同州には事務所も営業所も置かれていなかった。一方、同業のクラフトフードは、デラウェア州で法人の設立登記を行い、主たる事業所をイリノイ州に置いていた。両者は香料入りドリンク分野で競合していた。

クラフトフードは、自社の三件の特許がハートランド製品により侵害されたとしてデラウェア州の連邦地裁に特許侵害訴訟を起こした。被告のハートランドは、連邦最高裁判所の「フォアコ・グラス判決」を引用して、裁判地が不適切であるため本社のあるインディアナ州南部地区連邦地裁に裁判を移送すべきであると申し立てた。しかし、デラウェア州地裁はハートランドの移送申立てを退けた。その理由として同地裁は、「VEホールディング事件」特許高裁判決（一九九〇年）で、「一九八八年の一般裁判地法（一三九一条）の改正により特許裁判地法（一四〇〇条（b））の解釈も変更された」と判示していることを根拠とした。

ハートランドは、地裁判決を不服として特許高裁に控訴。特許高裁は一三九一条（c）の定義を一四〇〇条（b）に適用し、ハートランドの居住地はデラウェア州になるとの判断を示し、地裁の判決を支持した。

ハートランドは連邦最高裁に上告。最高裁は、国内法人に関する限り、連邦民事訴訟法一四〇〇条（b）は、①当該法人が設立登記された州だけに適用されること、②一般規定である同法一三九一条は何度か改正されているが、その改正によってフォアコ・グラス事件で示された同法一四〇〇条（b）の解釈は変わらないこと――を確認した。[5]

トーマス裁判官は法廷意見の中で判決理由を以下のように説明している。

「一七八九年裁判所法」が制定された当時、法人は設立された州に「居住する」ものと考えられていた。当法廷は、一九四二年の先例の中で、一四〇〇条（b）の原型が特許侵害訴訟の裁判地を支配する規定となっており、一般規定（一三九一条）の改正の影響を受けないと述べている。

連邦議会はその後、一九四八年に連邦法典を改正して特許裁判地に関する特別法を連邦民訴法に組み込んだ（一四〇〇条（b））。その時、従来の"inhabit"という用語に代えて"reside"を使用し、それが今日でも使用されている。連邦議会はその時に、一般規定（一三九一条）を改正して、被告が法人である場合の「居住」の要件を定義した。

当法廷はフォアコ・グラス事件で、先例（Stonite Products 判決）を再確認し、民訴法一三九一条（c）が裁判地についての単独の裁判地法であって、それによって一四〇〇条（b）の解釈が変更されないのは明らかだと述べた。そして、民訴法に組み込まれた裁判地法は、「居住する」に関して以前と同じ意味をもつことを確認した。その解釈は、一九八八年に「本章での裁判地の目的で」と限定されるまで変りはない。

特許高裁はVEホールディング事件で、民訴法改正により一三九一条（c）の用語の定義が一四〇〇条（b）や他の裁判地法にも及ぶと解釈した。その後、連邦議会は二〇〇一年になって、現行の一三九一条（c）の用語に関する定義を改正し、全ての裁判地の目的のために適用されると修正した。そして本件において、特許高裁はVEホールディング判決を改めて確認した。

最高裁はフォアコ・グラス判決で、一四〇〇条（b）の「居住する」の意味は、国内法人に限り設立登記した州だけを意味すると断定している。問題は、一三九一条（c）を改正した時に一四〇〇条（b）の意味も変える意図が連邦議会にあったかどうかであるが、連邦議会がこの種の変更を意図した場合、その意図が分かるような書きぶりにするのが一般的であるがそれを示す記録はない。

●出訴制限期間内には消滅時効は適用されない

米国特許の侵害訴訟に関する時効問題には二つの種類がある。出訴期限（Statute of limitation）と消滅時効（laches）である。前者はコモンローを根拠とし、後者はエクイティを根拠とする。

特許法二八六条は、出訴日を起算点にして六年を超えて過去に遡ることはできないと規定している。しかし、その規定を消滅時効の根拠とすることについては議論が分かれていた。特許高裁は「オーカーマン事件」大法廷判決で、二八六条は六年の求償制限を定めるものであって、出訴制限ではないと解釈していた。このような背景の中で、争われたのが「SCAハイジーン・プロダクツ対ファースト・クオリティ・ベイビー・プロダクツ事件」である。

SCAハイジーン・プロダクツ（以下、SCA）は大人用オムツを製造・販売し、関連特許を保有していた。同社は二〇〇三年一〇月、同業のファースト・クオリティ・ベイビー・プロダクツに特許侵害の警告を行った。警告を受けたファースト・クオリティは、自社特許を引用してSCA特許は新規性を欠いていると回答した。それ以降、SCAからの連絡はなく、ファースト・クオリティはその後も製品の製造・販売を継続した。

ファースト・クオリティは二〇〇四年六月、自社特許を先行技術としてSCA特許の再審査請求を行った。SCAに対して、再審査請求を行うことについて通知はしなかった。特許庁は再審査の結果、SCA特許の有効性を認めた。

SCAは侵害警告から七年が経過した二〇一〇年八月、ファースト・クオリティを特許侵害で訴えた。それに対してファースト・クオリティは、禁反言と消滅時効によるエクイティによる抗弁を主張し、略式判決を申し立てた。地裁がその申立てを認めたが、SCAはその認定を不服として特許高裁に控訴した。特許高裁（パネル）は先例である「オーカーマン事件」大法廷判決[6]に従い、地裁の判決を支持した。しかし、特許高裁はこの事件を大法廷で再審理することを決め、再審理の結果、パネル判決を支持した。SCAは連邦最高裁に上告。最高裁は特許高裁判決を一部破棄し、特許高裁に差し戻した[7]。アリート裁判官は、法廷意見の中で差戻しの理由を以下のように説明している。

当法廷は、先例（Petrella v. Metro-Goldwyn-Mayer 事件、二〇一四年）で、著作権法が定める三年の出訴制限期間内に提起された損害賠償請求に対してエクイティ上の消滅時効（ラッチェス）を適用できないと判決した。ラッチェスは、原告による不当な出訴遅延によって被告が不利益を被ることを防ぐために確立されたエクイティ上の抗弁であり、通常は出訴制限を過ぎた請求に認められるものである。したがって、出訴制限の期間内に行われた請求に対しては、ラッチェス抗弁を適用することはできない。

特許法と著作権の関連規定は、条文の書きぶりは異なっているものの、根底には共通する原則がある。したがって、その原則は特許法にも適用される。

●医薬品価格競争法に基づく特許紛争の解決

「一九八四年医薬品価格競争法及び特許期間回復法」により、特許医薬品メーカーと後発医薬品メーカーの間の特許紛争を解決するための手続きが導入された。同法の下で、後発医薬品メーカーは特許無効を理由に侵害問題が生じないことを当局のＦＤＡに確約することができる。通常の場合、特許権者は後発医薬品メーカーを提訴してこれに対抗することになる。その場合、ＦＤＡは三〇カ月間、後発医薬品の承認を留保しなければならない。この期間に裁判が終らなければ、ＦＤＡは後発医薬品の販売承認をすることができる。

ソルベイ・ファーマシュウティカルズは、男性の低テストステロン（性腺機能不全）治療薬である「アンドロジェル」（AndroGel）に関する特許権者である。アクタビスとパドックはＦＤＡに対して、アンドロジェル特許の後発医薬品の販売申請を行い、後発医薬品がアンドロジェル特許を侵害しないと宣言した。これに対して、ソルベイは後発医薬品メーカーを特許侵害で提訴した。

ＦＤＡはアクタビスの後発医薬品の販売を承認した。しかし、アクタビスは特許権者ソルベイとの間で和解契約を結び、①販売承認を受けた後発医薬品を市販しない、②病院の医師にアンドロジェルを宣伝する——ことに合意した。ソルベイは、そのために数百万ドルの報酬をアクタビスに支払った。パドックや他の後発医薬品メーカーも同様の和解契約をソルベイとの間で結んだ。

ＦＴＣ（連邦取引委員会）は、後発医薬品メーカーを反トラスト法違反で提訴。提訴理由は、特許無効・非侵害の宣言を放棄し、低価格の後発医薬品提供を止めることが不正な競争方法にあたる、であった。地裁はＦＴＣの提訴を棄却した。第一一巡回区控訴裁（アラバマ、ジョージア、フロリダの三州を管轄）は、和解のもつ反競争効果が特許の排他権の範囲内にあるかぎりは、和解契約は反トラスト法違反から免除される、と判決した。

アクタビスは連邦最高裁に上告。最高裁は、和解契約の違法性が推定されるので、「合理の原則」により審理すべきであるとして、事件を下級審に差し戻した(8)。

ブライアー裁判官は法廷意見の中で、次のように述べている。

本件のようなリバースペイメントによる和解もソルベイ特許の排他権に基づくといえるかも知れないが、この種の類型の契約は反トラスト法の疑いが拭い切れない。まず、権利者が有効特許を保有するという事実だけで、反トラスト問題が払拭されることにならない。本件訴訟では特許の有効性と排他性が争われており、被告が原告に請求した訳でもないのに、何百万ドルという和解金の支払いで裁判が終結している。このような和解の形式は例になく、大きな反競争的な効果をもたらす懸念がある。本件の和解契約の反競争的な効果を、競争促進的な競争政策から判断せずに、単に特許政策の観点から判断することは適切ではない。

下級審（第一一巡回区控訴裁）は、厳格な反トラスト法の審理は、競争への影響を計るため長期にわたる複雑かつ費用のかかる手続きを行わなければならないので、和解による紛争解決を促すため、本件の和解契約を合法と見做した。しかし、その理由から本件での反トラスト問題の審理を回避することは次の五つの理由からできない。①この種の契約は真に反競争的効果をもたらす、②契約の結果について正当化できない、③先発医薬品メーカーの資金力で反競争効果を生み出す、④反トラスト訴訟は下級審が考えるよりも機能している、⑤この種の和解金によってあらゆる紛争がなくなる訳ではない。

本件の和解契約は違法であると推定される。本件は合理の原則に基づいて審理されるべきである。

●バイドール法の日本への影響

一九七〇年代後半の米国経済の国際競争力低下を背景として、一九八〇年にバイドール法が連邦議会で成立した。この法律は、政府資金による研究開発から生じた発明の事業化を促進するため、研究開発から生じた特許権等を民間企業等に帰属させるものである。具体的には、合衆国政府の支援を受けた研究から生まれた発明の利用を促進し、そのような発明についての十分な権利を取得することを目的とする。バイドール法は、特許法二〇〇条〜二〇二条に編入された。この法律により、政府資金による研究開発の企業等による事業化が加速され、新たなベンチャー企業が生まれるなど米国産業が競争力を取り戻したと言われている。

我が国では、政府資金による研究開発から派生した特許権等の帰属は、従来は国の所有となっていた。しかし、第四回産業競争力会議において、民間側から制度改善についての提言が相次いだこともあり、平成一一年（一九九九年）策定の産業競争力強化対策において、「開発者のインセンティブを増し、国の資金による研究開発成果の普及を促進するため、米国のバイドール法を参考として、国の委託研究開発に関する知的財産権について、開発者にその利益を帰属させるための措置を講ずる」旨を決定した。これを受けて、いわゆる日本版バイドール制度が立法化されたのである。

●ＰＣＲ検査法余録

「スタンフォード大学対ロッシュ・モレキュラー・システム事件」は、ポリメラーゼ連鎖反応(Polymerase Chain Reaction) による検査技術をめぐって争われた。この技術は、一般に「ＰＣＲ検査法」と呼ばれ、今日、新型コロナウィルスの検査方法として世界中で使用されている優れた検査技術である。

ＰＣＲ検査法は、カリフォルニア州にある小さな研究型企業のシータス社が開発した。同社はヒト免役不全ウイルス（ＡＩＤＳウイルス）の感染レベルを測定する方法として、一九八三年にこの方法を発明した。その功績により、発明者のキャリー・マリス博士は一九九三年、ノーベル化学賞を受賞した。マリス博士のＰＣＲ検査法の発明は、一九八五年三月に特許出願され、核酸配列を増幅するための方法特許として認められた。

ＰＣＲ法とは、ＤＮＡポリメラーゼを用いて、指定したＤＮＡを増殖させ、短時間で同じ配列のコピーを大量につくる手法である。この手法により、ＤＮＡ配列クローニングや配列決定、遺伝子変異誘導といった実験が可能となり、分子遺伝学や生理学、分類学などの研究分野で活用されるようになった。また、ＤＮＡサンプルの解析、法医学や親子鑑定などで利用されるＤＮＡ型鑑定、感染性病原体の特定や感染症診断に関わる技術開発（核酸増幅法検査）、などが飛躍的に進んだと言われている。

（1）Board of Trustees of the Leland Stanford Junior Univ. v. Roche Molecular Sys., 563 U.S. 776 (2011)

（2）特許法一四五条の全文は以下のとおり。

「出願人であって第一三四条（ａ）に基づく審判請求に係る特許審判部の決定に不服がある者は、連邦巡回区控訴裁判所に対して控訴が行われている場合を除き、合衆国バージニア東部地区地方裁判所において、長官を相手とする民事訴訟により救済を受けることができる。ただし、当該民事訴訟が、長官が定める前記決定後六〇日を下回らない期間内に開始されることを条件とする。裁判所は、事件における事実から明らかなときは、当該出願人が特許審判部の決定に係る出願人のクレームに記載されている当該人の発明について特許を受ける権原を有する旨の判決を下すことができ、また、当該判決は長官に対し、法律の要件に従って特許を交付する権原を付与するものとする。当該手続に関するすべての経費は出願人が負担しなければならない。」

（3）Kappos v. Hyatt, 566 U.S. 431 (2012)

（4）Fourco Glass Co. v. Transmirra Products Corp., 353 U. S. 222 (1957)

（5）Heartland LLC v. Kraft Foods Group Brands LLC., 581 U. S. ____ (2017)

（6）A.C. Aukerman Co. v. R.L. Chaides Const. Co., 960 F.2d 1020 (Fed. Cir. 1992)

（7）SCA Hygiene Products v. First Quality Baby Products, 580 U. S. ____ (2017)

（8）Federal Trade Commission v. ACTAVIS, Inc., et al. 570 U. S. 136 (2013)

ロバーツ・コートの裁判官（略歴）
（2005年～2019年）

ジョン G. ロバーツ（John G. Roberts, Jr.）首席裁判官
1955年、ニューヨーク州生まれ。1979年ハーバード・ロー・スクールでJDを取得。第二巡回区控訴裁判所のフレンドリー判事のロークラーク（1979-1980）、連邦最高裁判所レンキスト裁判官のロークラーク（1980-1981）を経て、スミス司法長官特別補佐官（1981-1982）、フィールディング大統領顧問の補佐官（1982-1986）。法律事務所勤務を経て、2002年、コロンビア特別区巡回控訴裁判所判事に着任。2005年9月、ブッシュ大統領の指名により、レンキスト首席裁判官の後任として連邦最高裁判所首席裁判官となり、現在に至る。

クレアレンス・トーマス（Clarence Thomas）裁判官
1948年ジョージア州生まれ。1974年イエール・ロー・スクールでJDを取得。ミズーリ州司法長官補佐官（1974-1977）、モンサント社法律顧問（1974-1977）、ダンフォース上院議員補佐官（1979-1981）、その他機関に勤務。1990年、コロンビア特別区巡回控訴裁判所判事に着任。1991年10月、ブッシュ大統領の指名により連邦最高裁判所裁判官となり、現在に至る。

ステファン G. ブライアー（Stephen G. Breyer）裁判官
1938年カルフォルニア州生まれ。ハーバード・ロー・スクールでJDを取得。連邦最高裁判所のゴールドバーグ裁判官のロークラーク（1964-1965）。反トラスト局長官特別補佐官（1965-1967）、ウォーターゲート特別訴追委員会特別補佐官（1973）、上院司法委員会特別顧問（1974-1975）などを経て、ハーバード大学教授（1967-1994）。1990年、第一巡回区控訴裁判所判事に着任。1994年8月、クリントン大統領の指名により連邦最高裁判所裁判官となり、現在に至る。

サミュエル A. アリート（Samuel A. Alito, Jr.）裁判官
1950年ニュージャージー州生まれ。第三巡回区控訴裁判所のガース判事のロークラーク（1976-1977）。ニュージャー裁判区連邦法務官補佐官（1977-1981）、司法省訟務長官補佐官（1981-1985）、司法省長官副補佐官（1985-1987）、ニ

ュージャージー裁判区連邦法務官（1987-1990）を経て、1990年に第三巡回区控訴裁判所判事に着任。2006年1月、ブッシュ大統領の指名により連邦最高裁判所裁判官となり、現在に至る。

ソニア・ソトメイヨール（Sonia Sotomayor）裁判官

1954年ニューヨーク州生まれ。1979年イエール・ロー・スクールでJDを取得。ニューヨーク・カウンティ裁判区法務官オフィス勤務（1979-1984）を経て、法律事務所勤務（1984-1992）。1992年、ニューヨーク南部地区地方裁判所判事に着任。1998年、第二巡回区控訴裁判所判事に着任。2009年8月、オバマ大統領の指名により連邦最高裁判所裁判官となり、現在に至る。

エレナ・ケイガン（Elena Kagan）裁判官

1960年ニューヨーク州生まれ。1986年ハーバード・ロー・スクールでJDを取得。コロンビア特別区巡回控訴裁判所のMikva判事のロークラーク（1986-1987）、連邦最高裁判所マーシャル裁判官のロークラーク（1987-1988）を経て、シカゴ・ロー・スクールとハーバード・ロー・スクール（2003-2009学部長）の教授。2009年、司法省訟務長官に着任。2010年8月、オバマ大統領の指名により連邦最高裁判所裁判官となり、現在に至る。

ネイル M. ゴーサッチ（Neil M. Gorsuch）裁判官

1967年コロラド州生まれ。ハーバード・ロー・スクールでJD、オクスフォード大でPhDを取得。コロンビア特別区巡回控訴裁判所のセンテール判事のロークラーク、連邦最高裁判所のホワイト裁判官とケネディー裁判官のロークラーク。弁護士実務（1995-2005）を経て司法次官補（2005-2006）、コロラド・ロー・スクールの教授。2017年4月、トランプ大統領の指名により連邦最高裁判所裁判官となり、現在に至る。

ブレット M. カバノー（Brett M. Kavanaugh）裁判官

1965年ワシントンDC生まれ。1987年イエール・ロー・スクールでJDを取得。第三巡回区控訴裁判所のスタプルトン判事のロークラーク（1990-1991）、第九巡回区控訴裁判所のコジンスキー判事のロークラーク（1991-1992）、連邦最高裁判所のケネディー裁判官のロークラーク（1993-1994）。法律事務所勤務を経てブッシュ大統領補佐官（2003-2006）。2006年、コロンビア特別区巡

回控訴裁判所判事に着任。2018年10月、トランプ大統領の指名により連邦最高裁判所裁判官となり、現在に至る。

ルース B. ギンズバーグ（Ruth Bader Ginsburg）裁判官
ニューヨーク州生まれ。コロンビア・ロー・スクールで JD を取得。ラトガーズ・ロー・スクール、コロンビア・ロー・スクール教授。人権派弁護士として活躍。1980年、コロンビア特別区巡回控訴裁判所判事に着任。1993年、連邦最高裁判所裁判官に着任。2020年 9 月病没。

アントン・スカーリア元裁判官
1936年、ニュージャージー州生まれ。1960年、ハーバード・ロー・スクールで JD を取得。バージニア大学、シカゴ大学で教鞭をとる。1970年代にニクソン・フォード政権の法務次官補。1982年、コロンビア特別区巡回控訴裁判所判事に着任。1986年、レーガン大統領の指名により連邦最高裁判所裁判官に着任。2016年に死去。

アンソニー・M. ケネディー元裁判官
1936年、カルフォルニア州生まれ。ハーバード・ロー・スクールで LL.B を取得。法律事務所勤務の後、パシフィック大学で憲法を教える（1965-1988）。1975年、第九巡回区控訴裁判所判事に着任。1988年 2 月、レーガン大統領の指名により連邦最高裁判所裁判官に着任。2018年 1 月に辞任。

判例索引
〈合衆国連邦最高裁判所〉

[E]

[F]

[G]

[H]

[I]

[K]

[L]

[M]

[N]

[O]

[P]

[Q]

[S]

[T]

[U]

[W]

〈特許高裁・その他〉

〔著者紹介〕

藤野　仁三（ふじの　じんぞう）

日本企業・米大手法律事務所勤務を経て東京理科大学専門職大学院教授（2005年～2015年）。専門は知的財産権法。
著書として『特許と技術標準―衝突事例と法的関係』（八朔社，1998年），『よくわかる知的財産権問題』（日本工業新聞社，2003年），『アメリカ知的財産権法』（ミラー・デービス著／藤野訳，八朔社，2008年），『標準化ビジネス』（共著，白桃書房，2011年），『知的財産と標準化戦略』（八朔社，2015年），『標準必須特許ハンドブック（初版・第２版）』（編著，発明推進協会，2019年・2021年）など。平成30年知財功労賞（特許庁長官賞）受賞。

ロバーツ・コートの特許のかたち
――アメリカ最高裁の重要判例

2021年10月15日　第１刷発行

著　者　藤野仁三
発行者　片倉和夫

発行所　株式会社　八《はっ》朔《さく》社《しゃ》
101-0062　東京都千代田区神田駿河台1-7-7
Tel 03-5244-5289　Fax 03-5244-5298
http://hassaku-sha.la.coocan.jp/
E-mail：hassaku-sha@nifty.com

組版・森健晃／印刷製本・厚徳社
ISBN 978-4-86014-105-9

叢書ベリタス

マルク・ボーネ著／ブルゴーニュ公国史研究会訳
中世末期ネーデルラントの都市社会
近代市民性の史的探求
三〇八〇円

アンドレ・ジョリス著／斎藤絅子訳
西欧中世都市の世界
ベルギー都市ウイの栄光と衰退
二六四〇円

ハンス・モドロウ著／宮川　彰監訳
ドイツ、統一された祖国
旧東独首相モドロウ回想録
二四二〇円

ペーター・ライヒェル著／小川保博、芝野由和訳
ドイツ　過去の克服
ナチ独裁に対する一九四五年以降の政治的・法的取り組み
三〇八〇円

ジョン・ロック著／伊藤宏之訳
改訂版 全訳　統治論
四一八〇円

消費税込みの価格です